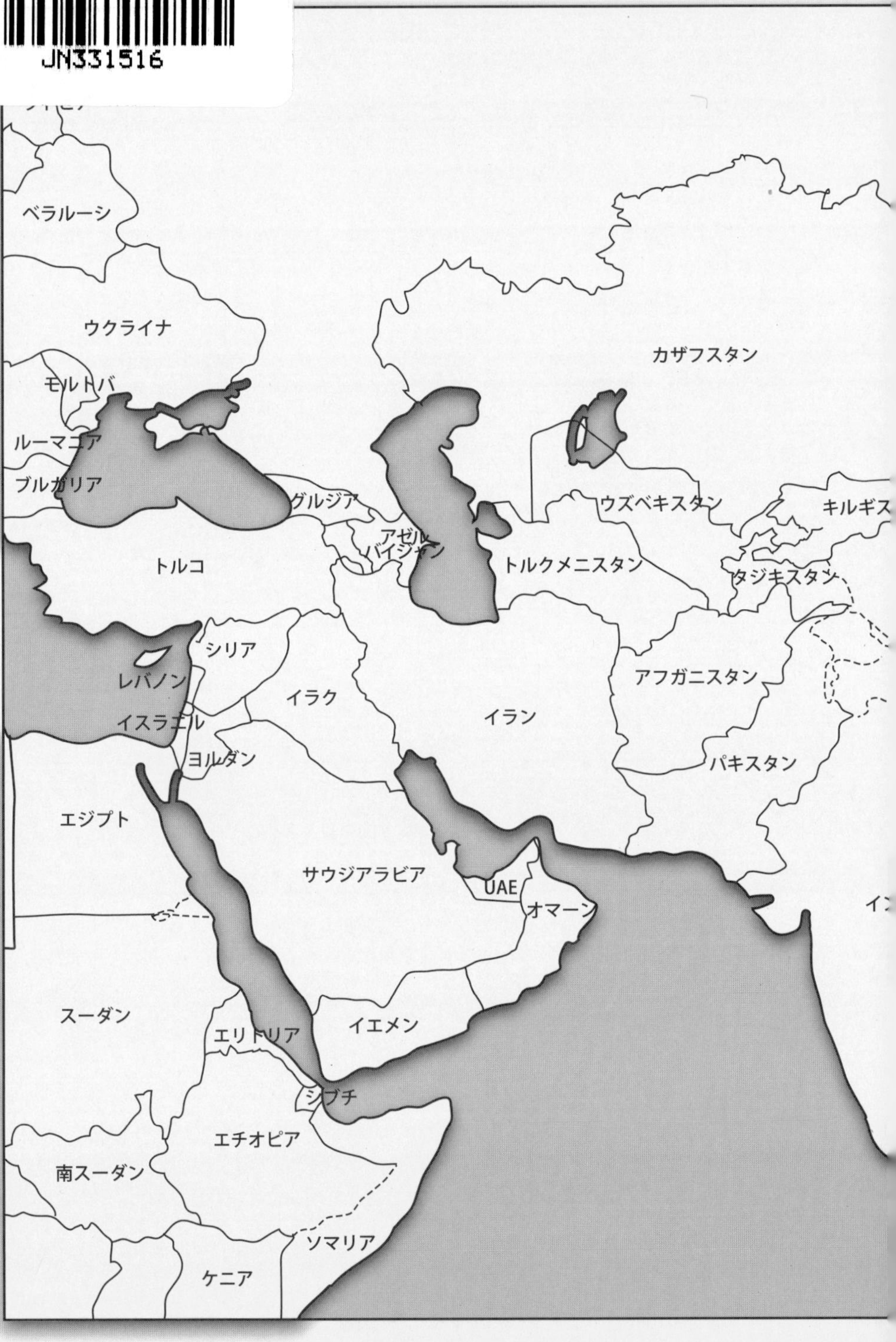
ベラルーシ
ウクライナ
モルドバ
ルーマニア
ブルガリア
グルジア
アゼル
バイジャン
トルコ
シリア
レバノン
イスラエル
ヨルダン
イラク
イラン
カザフスタン
ウズベキスタン
キルギス
トルクメニスタン
タジキスタン
アフガニスタン
パキスタン
エジプト
サウジアラビア
UAE
オマーン
スーダン
エリトリア
イエメン
ジブチ
エチオピア
南スーダン
ソマリア
ケニア

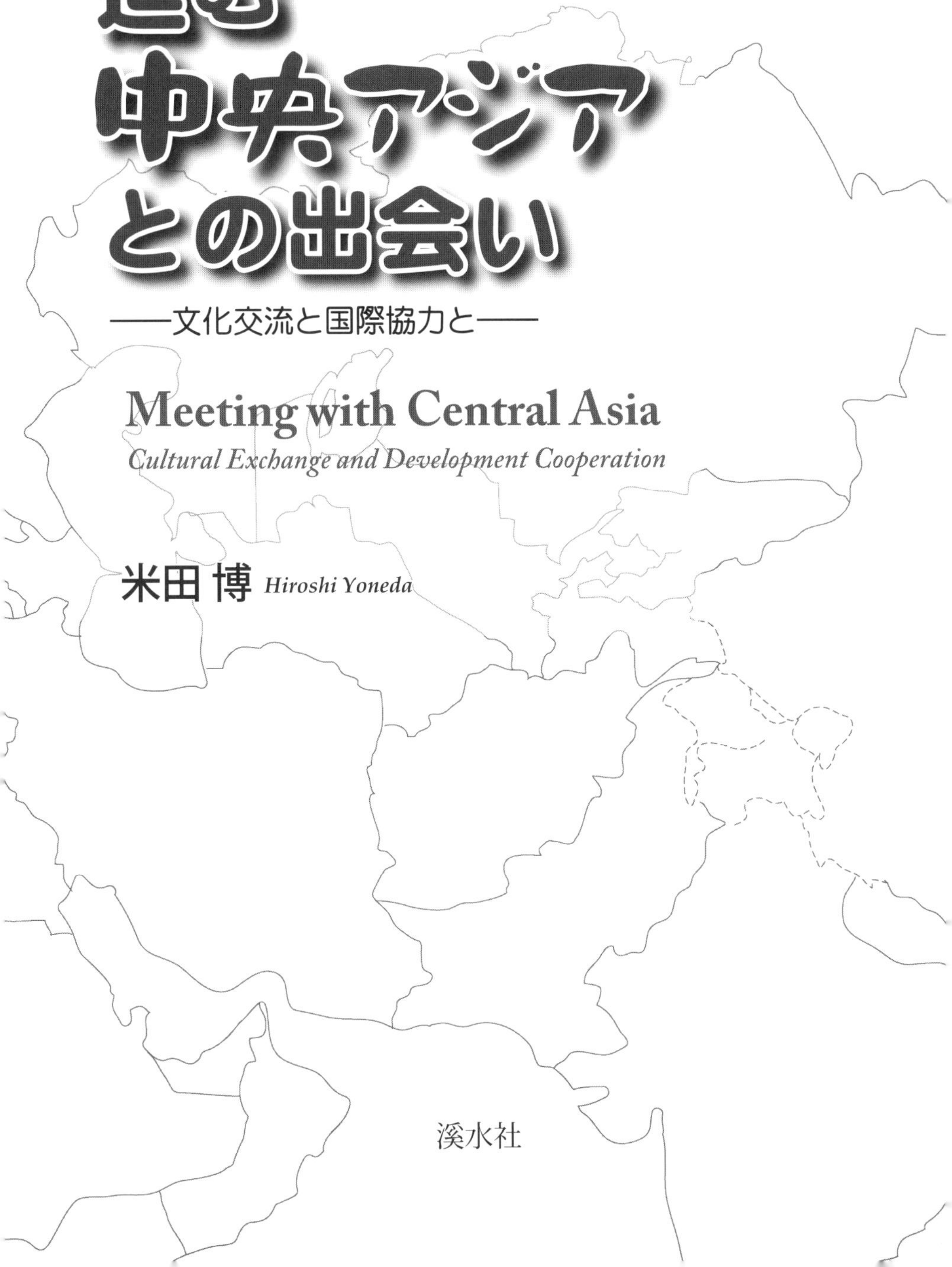

進む中央アジアとの出会い

——文化交流と国際協力と——

Meeting with Central Asia

Cultural Exchange and Development Cooperation

米田 博 *Hiroshi Yoneda*

溪水社

まえがき

本書は、中央アジアと日本との関係がどのように進んでいるのか、文化交流と国際協力について現場から報告することを目的としている。

私は二〇〇九年一月から二〇一一年二月までの二年一か月の間、ウズベキスタンの首都タシケントに滞在した。一定の国情を知るには十分な期間ではないにしても、短かすぎることもない。

日本人にとっては、この国をウズベキスタンと言うより、シルクロードと言った方がイメージがわく。大陸性の気候なので、タシケントの冬は長く寒く、また、夏は長く暑い。それだけに短い春と秋は心地よい。空気が乾燥しているので意外に過ごしやすい。夏にはほとんど雨が降らないのに、街中いたるところでスプリンクラーがまわり、噴水の豊富な水が潤いを与えている。この地は、天山山脈やパミール高原の雪解けの水が年中絶えないのだ。紀元前の古くから東西交易の要衝として栄えたタシケントは、二〇〇九年には都市建設二二〇〇年を祝っていた。

タシケントは人口約二三〇万、名古屋市のそれと同じくらいだ。旧ソ連圏では、モスクワ、サンクトペテルスブルグ、キエフに次ぐ人口規模で、中央アジアでは最大の都市となっている。

私のかかわった仕事は、タシケントにあるウズベキスタン日本人材開発センター（通称「日本センター」）の運営である。センターは、ウズベキスタンと日本の両政府の共同プロジェクトで、日本側は、独立行政法人国際協力機構（JICA）が実施している。私は、このプロジェクトに派遣された国際協力専門家として、また、このセンターの共同所長として業務に携わった。

日本センターは、ウズベキスタンの若者向けにビジネス学院を運営し、あわせてウズベキスタンの人たちとの文化交流や日本語教室をも実施する。このセンターは、設立からほぼ一〇年が経過し、そこには多くの経験が蓄積され、プロジェクトは今なお進化している。私はそれらを書き留めておきたいと思った。これが本書の動機のひとつだ。

ふたつ目は、ウズベキスタンがかつてソ連邦の一部だったことから、独立後の市場経済への移行という大きな課題を抱えていたことと関連している。日本政府の市場経済化支援のひとつに日本センターのビジネス学院――ビジネス人材の育成――があるのだが、タシケントで生活していると、どうも独立から二〇年近くが経過しても、ソ連時代の考え方や生活の仕方がまったく消滅してしまったとも思えない。しかし、この国には新しい時代が確実にこようとしている。そうした、過渡期にある社会を書き留めておきたいと思ったのが、もうひとつの動機である。

ソ連崩壊から二〇年、変わろうとしているのはウズベキスタンだけでない。中央アジア全体も変わろうとしている。この移り変わりを残そうとするのが三番目の動機だ。「新しいシルクロード」という欧米の最近の論調によれば、中央アジアの開発が勢いづいているという。そうした地域全体の開発の動きを見ておくことで、地域の将来を見通すことができるのではないかと思われたからだ。

ところで本書は、日本センターが行なう日本文化の紹介活動に触れている。これは国と国との文化交流に関するものだ。他方、ビジネス人材の育成、また中央アジアの開発といった国際協力の分野に、より多くの紙面を割いている。これは途上国の開発援助に関するものだ。もちろん、文化交流と国際協力は海外で行なう活動という点でも、また相手国の人たちと触れ合うという点でも共通しているところがある。が、しかし国際協力は相手国の経済社会の発展を助けるのに対し、文化交流は日本の文化を広く知ってもらうことなので、向いている方向が異なる。だから、これらふたつの分野の活動を一冊の本にまとめるとなるとなかなかトーンが同じというわけにはいかない。

もう少しわかりやすく言うと、文化交流は、お茶やお花あるいは折り紙といった教室を行なっていて、日本の文化を共有する心落ち着く活動と言っていいだろう。これに対して国際協力は、相手国政府の支援要請に基づいて日本政府が社会的経済的な成果を出せるように協力するものなので、どうしてもプロジェクトの良し悪しに関係者の神経をとがらせることになる。こうして必ずしも同じではない活動をひとつの日本センターで行なうのだから、読者に違和感を与えてしまわないかと私の心は穏やかでない。

それでも、ふたつの分野について述べなければならないのは、日本センターが現実に、そうした国際協力の実をあげ、同時に文化交流にも成功しているから、としか言いようがない。ただ、事実がそうだからといって、それで漫然と日本センターの事業になんの疑問ももたないで済ませるわけにはいかない。このこともあって私は、欧米各国の文化センターがどのような活動を行なっているのか、そうした他の文化センターのなかでわれらの日本センターがどのような点で際立っているのかを明らかにしようとも試みている。このことを念頭におくことで、本書がより読みやすいものとなると期待している。

本書の構成としては、まずウズベキスタンや中央アジアのかんたんな地理や歴史について述べる（1章）。そして、タシケントの日本センターの活動をより客観的にみるために英米仏などの文化センターとの比較を行なっている（2章）。そうした各国文化センターの間にあって、文化交流（3章）、ビジネス人材の育成（4

〜6章）といった日本センターのユニークな活動ぶりを報告する。そこでは、国際協力には日本人関係者の安全が確保されていることが前提になっているので、長く続いている福岡県や福島県の交流を通じ、ウズベキスタン社会がどれほど安全なのかも考察する（7章）。もっとも、ウズベキスタンの一国ばかりに目を向けているのがいいのかというと、それでは木を見て森を見ないことになりかねない。とくに中央アジアは、中国やロシアという大国、またアフガニスタンやイランといった国際的になにかと注目される国々に囲まれている地域であり、その観点から新しく開発が進む中央アジアをどうしても見ておく必要がある（8章）。そして最後は、遠く離れた中央アジアになぜ日本がかかわらなければならないのかを考えてみたい（9章）。

これらを言い換えると、最初がタシケントという狭い社会、つぎに少し大きくとってウズベキスタンという国、さらにはより広い中央アジアという地域、最後にはユーラシア大陸という広大な地域に順次及ぶという構成になっている。

読者層については、国際協力や文化交流の海外現場がいったいどうなっているのか、そのような活動が日本にとってどういう意味をもつのか、といった疑問をもつ高校生、大学生そして学校の先生方を想定している。また、国際協力や文化交流に強力な役割を果たす青年海外協力隊やシニア・ボランティアの活動に関心をもつ人たちをも考慮している。そして、途上国の開発、また数か国にまたがる総合的な経済社会開発を目指す、ＪＩＣＡ、あるいはアジア開発銀行や世界銀行などの国際開発機関に関心をもつ人たち、さらには中央アジアへの企業進出を考える人たちにも参考になればと願っている。

本書は、私の仕事の関連で得た一般情報を中心に、現場関係者の意見、また、これまで読んできた内外の新聞、雑誌、書籍、インターネット情報をもとに考えを取りまとめたものである。したがって、かつて所属したＪＩＣＡの意見でもないし、日本センターのそれでもない。あくまでも私自身の発見や考えを現場感覚で整理したものとご理解願いたい。ただ、そうはいえ、日本センターというＪＩＣＡプロジェクトから考察しているので、ＪＩＣＡ本部に原稿を提出し、担当部署の方々からは事実関係を中心に数々のご助言をいただいた。心より感謝申し上げたい。

なお、本書では、「政府開発援助（Official Development Assistance 略してＯＤＡ）」、「途上国援助」、「国際協力」、「開発援助」、「国際開発」、「開発協力」といった、よく似た意味内容の言葉を使っている。実に紛らわしいのだが、私はどれも同じような意味だと理解している。そして、本書では、どちらかといえば「国際協力」を多用しているが、それは、私が現場に身を置いていたことと関係している。そこには、援助をする側と援助をされる側の意味合いが強く出る言葉は避けたいのと、それと同じラインで「国際協力」は、友好的な相互協力の意味合いが強く出る言葉と認識しているからだ。もっとも、「国際協力」は、警察（国際捜査）や科学技術の分野のように相手が先進国の場合もある。細かいことは抜きにして、断りのないかぎり、ここではどの語も、先進国（ここでは、とくに日本）が途上国に対し経済社会の開発を支援する政府開発援助と考えてほしい。

もうひとつ、本書では、「文化交流」という言葉を使っているが、場合によっては、同じ意味で「相互理解」という言葉をも使っている。もとよりＪＩＣＡの日本センター事業では、お茶お花のような文化交流的な活動を「相互理解」と言っているが、途上国にあっては、私は、「文化交流」も「相互理解」も明確に線引きのできる言葉ではないと考えている。

目次

進む中央アジアとの出会い

―文化交流と国際協力と―

第1章　新しいフロンティア

たいへんな入国手続き

二〇〇八年の暮、私はひとり、夜のタシケント国際空港に降り立った。

仕事がら、何回も海外出張にでた経験があるので、どこの空港でも要領はわかっているはずであった。しかし、今回は赴任のために多くの荷物を持ってきているので、通常とは異なり入国がことのほかたいへんだった。あまりにもたいへんだったので、そのことから書き始めたい。

途上国の入国手続きは、時間をとるのが普通だ。

ウズベキスタンの首都タシケントでの入国も、そんなものだと踏んでいた。乗客が到着してパスポート・コントロールのある狭い部屋が、なぜかうす暗くて、華やかな国際空港のターミナルとはとうてい思えない。だから、人でごったがえしていても、手続きに時間がかかっても、べつに驚くことはない。ここは発展途上の国だからだ。

入国カウンターはわずか三つしかない。うす暗くて狭い部屋に押し合いへし合いの混雑ぶり。混雑ばかりが目について、それぞれのカウンターの前で列を作って並んでいるように見えない。私も部屋のなかに閉じ込められて、並んでいるような、そうでないような乗客のひとりだ。そうこうしているうちに、入国手続きの終わった人たちが順次カウンターの向こうに消えて行くので、少しずつ人の数が少なくなる。それとともに、乗客が並んで作った列が少しはっきり見えてくる。

それにしても、いつ終わるともわからない入国手続き。一人ずつ手続きが終わるにしたがってその都度前に進むのだが、まごまごしていると、列にウズベキスタンの人と思われる乗客がいつの間にか割り込んでくる。老いも若きも、男も女も、私の横に来たと思ったら、いつの間にかスルリと割り込む。私のような外国人は、そうかんたんにカウンターまでたどり着けない。こうして三〇分くらい並んで待っていた。やっと自分の番が来たと喜んでカウンターにたどりつくと、「お客さん、外国人は隣のカウンターだから、そちらに行って」と言われる。ロシア語かウズベク語かわからないが、隣のカウンターに行けというのは指で示されたのでわかった。それで、隣の列の最後尾にまたしてもしぶしぶと並んだ。ああ、また、最初から並びなおしだ。並び直して待つこと一五分、ほぼ最後尾で、やっとの思いで入国手続きが終わる。到着から一時間は経過している。

入国手続きが終わって、今度は荷物をとりにベルトに向かう。入国手続きが遅い方だったので、荷物が出ているかなと思ったが、まだ出ていなかった。年末の空港では出稼ぎから一時的に戻ってくるウズベキスタン国籍の乗客が多いのだろうか、旅行カバンよりも土産物がはいった段ボール箱の数が断然多い。しかも、それら段ボール箱はガムテープでぐるぐる巻きになっている。日本では、ちょっと見られない梱包の仕方だ。

ベルト付近には人が群がっていた。

一難去ってまた一難

入国手続きがたいへんだったので、もう少しその話を続けたい。

私の荷物の数はスーツケース三個に段ボール箱二個の計五個、通常の旅行客より多い。それらを運び出すには手押しのカートが必要だ。しかし、あたりを見回しても、ほかの乗客が確保していて、空きのカートなどひとつも見当たらない。カートの数が十分でないところが発展途上の国らしい。どうやって運びだせばいいのだろうと考えていると、私の荷物が次々に出てきて、私は、素早くベルトからそれらを拾いあげた。

つぎは、すべての荷物を税関検査のところまで運ばなければならない。大きな空港スペースではない。しかし、カートがない。税関までは一〇メートルくらいだ。人でごったがえしているなか、スーツケース一つを運んでいる間に、だれかが私の荷物を持って行ってしまわないか。助けてくれる人もいないし、みんな自分の荷物のことで頭がいっぱいだ。カートがないので、いやたいへん。

五個もある荷物をひとつひとつ五メートル先まで運び一か所にまとめることにした。そうでないと自分の目が届かないからだ。おカネやパスポートの入ったフライト・バッグを片手に持ちながら運ぶのだから、この五メートルの移動はしんどい。この行程が終わると、五メートル先に、また、ひとつずつ運ぶ。寒い国なのに、額から汗がしたたり落ちる。こうして五メートルを二回繰り返して、やっとのことで、税関カウンターまで運ぶ。もちろん、私の前にはすでに五～六人が列を作って待っている。一人進むごとに、五個の荷物をひとつずつ、手と足で押して移動させる。

税関カウンターのところでは、荷物のレントゲン検査が行なわれていた。成田で乗る時にセキューリティー・チェックがあったのだから、ここは危険物の検査ではない。一定の数量を越えた免税品の検査をしているところだと思われるが、しかし、検査官の求めでスーツケースや段ボール箱を開けている人がいるようでもない。テープでぐるぐる巻きにしてある段ボール箱を開けようものなら、開けたあとまた梱包するのはたいへんだ。いったいなんのためのレントゲンなのだろう、もうやめてもらいたいという気持ちになる。ここでも、重い荷物をひとつひとつ、レントゲンにかけなければならず、汗がしたたり落ちる。

やっとのことで、税関を通過。

しかし、困難はそれで終わったわけではない。そこを出てもカートのない私は、表の玄関までどうやっていくのか。ここまで来るとありがたいことに、カートの運び屋さんがちゃんと待ち受けていた。ああよかった。五ドルだというので、運んでもらうことにした。

ところが、この運び屋の若いのが、一〇メートルほど運んで、出口の手前のところで足を止めて、なにか言っている。もう一つの窓口に行けと私に催促しているように見えた。もう、すべての手続きが終わったはずだ。これ以上なにが要求されるのか。そういえば、税関の女性がスタンプを押した際に私に、なにか言っていた。英語ではないから全然わからない、これがほんとうにつらい。

運び屋の男に指示されるままに、その窓口に行くと、「マネー」とか「ドラー」とか言っている。どうも「持っているお金を見せろ」ということのようだ。この国では入国時に、持参した外貨の申告が求められることになっている。私は、持ってきた金額が大きかったので、税関の目にとまったのだ。

「数えるから、現金を見せろ」と言っているようだった。ロシア語で話されても、私はチンプンカンプンだから、様子から読み取るしかない。それで、持ってきた米ドルを渡す。

もう、なんでもいい、調べるのなら、調べてくれ。入国さえできるのなら、なんでもいい。そう思っていると、私の現金は、束になっているので、一枚ずつ数えるのでもなく、わりと早く数えてくれた。それにしても、入国時に自分の持っている現金を調べられるのは、かつてアフリカの国でいちどあったが、そのときは財布の中身だけ見られただけでで、それ以上のことはなかった。ここでは財布ではなく、別の銀行封筒に入っている現金までチェックされるのだから、ほんとうに気分がわるい。

ここまでくると、「発展途上の国だから、がまん、がまん」の余裕はほとんど私にはなくなっていた。あとで日本人関係者に聞くと、五〇〇〇ドル以上は、現金を数えて確認する手続きになっているとのことだった。

ちなみに、入国時の外貨を申告するのと同じように出国時にも外貨現金のチェックがある。入国時に持ち込みの外貨額を申告書二通に記入し、うち一通を保管し出国時にもそれを見せることになっている。すべてのケースではないが、ときどき抜き打ち的にチェックされる。この場合、入国時の外貨額よりも少なくなければならない。かつて入国時の申告よりも出国時にも大きい額が所持されていることが当局に明らかになり、その外国人はしばらくの間留置されたという。

こうして、必死の入国手続きは、午後九時に着いてから二時間は経過し、午後十一時を過ぎていた。こんな国で二年も勤務するのかと思うと、本当に目の前が暗くなった。もう、すぐにでも日本に帰国したい気持ちに襲われた。仕事がら慣れていたはずの発展途上の国、一度に折り重なるように出てくる不便さに閉口してしまったのだ。こちらも年齢を重ねて、融通がきかなくなったからなのだろうか。

空港出口の付近では、多くの人が群がり、出てくる乗客を待っていた。「タクシー、タクシー」と叫ぶのもいる。そんななかで、プロジェクトの同僚日本人の木村亜未さんが出迎えに来てくれていた。彼女の姿を見た瞬間、女神に会ったような気がした。喧噪のなかからやっと抜け出ることができた。

やっかいな滞在許可証

空港ターミナルから表に出た。天気は悪くないが、夜のタシケントは寒い。

空港から市内のホテルまではわずか一五分くらいで到着する。日本から海外に出ると、何よりもありがたいのが、出迎えだ。出迎えてくれる人がいるだけで、ホテルまでの移動、小物の購入、あるいはちょっとした観光だって、短い出張期間のなかで効率的にこなせる。今回は赴任の場面だが、木村さんのおかげでトルコ系のデデマン・ホテルにスムーズに行けたし、チェックインも容易にすることができた。

ここまではいいのだが、ウズベキスタンのホテルではとても心配なことが待っている。それはパスポートを預けなければならないことだ。私は、求めに応じてしぶしぶだが、ホテルのフロントに預けることにした。

しかし、よくよく考えてみれば、ホテルのチェックインで、アフリカや中南米などの国でパスポートをコピーするために、あるいはパスポート番号の確認のために提示することはあっても、ウズベキスタンのように翌日になるまで返してもらえない国は、とても珍しい。外国では、パスポートなしには動けないし、肌身離さず持つべしというのが海外渡航者の鉄則でもある。私のように多くの国を訪れる仕事では、パスポートは命の次に大事だ。だから、コピーを取ると言って、何人分かのパスポートをカウンターの奥の方に持っていくホテルの人を見ると、ほんとうに戻ってくるのだろうかと、つい疑ってしまう。いくつもあるパスポートのなかで自分の分だけが、なにかの拍子で机の向こう側に落ちて見つからなくなることだって考えられる。それが一晩もしないと戻ってこないのだとすると、ほんとうに心配なのだ。

しかし、ウズベキスタンでは、どんな大きなホテルであれ、小さなホテルであれパスポートの預け入れは普通のことだし、むしろそうした手続きなしには滞在することはできない。ホテルが旅行者の滞在許可書の申請手続きをしてくれることになっているからだ。パスポートを預け入れると、翌日には、パスポートと一緒に仮の滞在許可書が発給される。もっとも、多くの場合ホテル滞在は短いので、結局は正式なものがないまま仮の滞在許可書で済ませることになる。

ところで、外国人は、一般の民家に泊まる場合でも滞在許可書が求められる。

滞在してしばらく経ってからわかったことだが、たとえば日本から友人を呼んで自分の家に泊まってもらうには、滞在許可書の取得が必要になる。その手続きは、家主に頑張ってもらわなければならない。しかし、その手続きに慣れている家主ならまだしも、おおかたの人は慣れているわけではない。

では、どうするか。友人を自国から呼ぶにしても、安いホテルでもいいので、そこに泊まってもらう。あるいは、ホテルに宿泊料を払うにしても実際に泊まるのは自宅ということもある。このような滞在許可は、国内を旅行する場合でも必要で、土地のホテルが手続きをしてくれることになっている。

長期滞在の外国人の私には、しばらくするとアクレディテーションという身分証明書のようなものが政府から発給されたが、それさえあれば、どこの一軒屋やアパートにでも滞在居住することができる。要は、短期の滞在者は、事実上ホテルにしか泊まることができないことになっている。

少し細部にわたり滞在許可証の話を進めてきたが、こんな手続きの話は、正直のところ、おもしろくもなにもない。それだけに、旅行や移動の自由の保障されている日本や欧米の国からくると、この制度は、外国人が旅行するには、大きな障害のように見える。

ウズベキスタンには、いくつかのすばらしい世界遺産があるが、このような滞在許可制度があるものだから、外国人には世界遺産を見に来る動機がそぐわれるのではないか。兄弟や親せき、友人を日本から呼ぶにしても、気軽に、「家で泊っていってください」とさえ言えないのだ。観光資源があっても、ひょっとしたらこの国の政府は、本気で外国人観光客を呼ぼうとは思っていないのではないか、そんな気にさせられる。

タシケントにしばらく住んでいると、この滞在許可証の制度は、ウズベキスタンだけのものではないことがわかってきた。出張でモスクワからやってきたある会社の日本人駐在員も、「ロシアもおなじですよ」と言う。

そういえば、NHKラジオのロシア語講座のスキット（「まいにちロシア語」〇八年一一月号、六四ページ）にも、ホテル滞在にあたり、パスポートを預け、また返却される内容の記述がある。もっとも、預けて一時間後には、返却してくれる内容だったから、タシケントよりはモスクワの方がスピーディーということになる。

この滞在許可の制度は、ウズベキスタンだけのものではなくて、旧ソ連圏特有のものなのだ。

（その後の二〇一二年一月にタシケントに滞在した旅行者の情報によれば、デデマン・ホテルでは、チェックイン時にコピーをとり、パスポートはその場で返却されたとのことであり、状況は改善している）

四季のある国での仕事は想定外

中央アジアほど日本で知られていない地域はない。世界の人口の一パーセント、陸地面積では三パーセントにすぎない。この地域を訪れたことのある日本人は、本当に少ない。それだけに、友人にこの国の話をすると、「いったいどんなところか想像もつかない」というのが普通だ。そこで気候はどうなっているのか、このあたりから入っていきたいと思う。

冬のタシケントはどれくらい寒いのだろうか。

私が日本を出るときに、友人や知人にあてた挨拶状には、「厳寒のタシケントに赴任します」と書いた。ところが、冬のさなかに、こうしてやってきても、吐く息が凍りつくような寒さではない。そうか、年末あたりでは、まだ本格的な寒波到来とはなっていない、そう思った。

ウズベキスタンは、中央アジアの国だが、大陸性の気候で、冬寒く夏暑い国と聞いている。冬の時期には、マイナス二〇度にも三〇度にもなると聞いて来た。そう、ウズベキスタンの冬はとても寒いというのが多くのタシケント赴任経験者の話だった。

ほんとうに、厳寒の国なのだろうか。

その後、一月が来ても、二月が来ても凍えるような日はやって来なかった。もちろん、雪がチラつく日が何日かあった。冷たい雨の降る日もあった。それでも、東京の気候と大した差があるとは思えなかった。

そして、三月、また四月と過ぎてゆくのだが、厳寒という天気は、タシケントにはとうとうやってこなかった。それで、旅行会社からもらったタシケント情報をしっかり見てみた。平均気温で一番寒いのが冬場だが、一月の最高気温六度、最低気温マイナス三度、二月は、同じく八度とマイナス二度となっている（http://www.jata-net.or.jp/Worldinfo/wci/citydetail.asp?c=TS$K=U17$h=&ar=　更新日二〇〇八年八月二九日）。

ただ、〇七年から〇八年の冬は、特別に寒かったようだ。マイナス二〇度、ひどい時で同じく三〇度を記録したという。そのことを日本人関係者がしきりに言うものだから、新しくやってきたわれわれには、その寒さが普通のことのように伝わってしまったのだ。ところが、現地で聞いてみると、この寒さは、五〇年に一回とも八〇年に一回とも言われており、通常ではなかったことが判明している。人の経験を鵜のみにして一般化するのはいかにあやういことか。

タシケントの冬の寒さが特別だということを言いたいのではない。これまで長年援助にかかわって来た私のような人間には、四季のある国、ことに冬シーズンのある国に対する援助は考えも及ばないことだったと言っていい。

冬のあるタシケントは、日本では秋田あたりと同じ北緯四〇度付近に位置している。カザフスタンの首都アスタナの北緯五〇度は例外として、およそ中央アジア各国の首都は、四〇度付近に点在している。日本政府がＪＩＣＡを通じて、この地域の開発援助に乗り出したということは、旧ソ連のなかに経済発展の余地のある広大な地域が広がっていたことになる。

ソ連崩壊と中央アジア

この地域の近代化を知るうえでは、ロシアのかかわりが重要である。

ロシアが中央アジアに進出したのは、一九世紀半ばのことだ。「中央アジアを知るための六十章」（宇山智彦編著、二〇〇三年、明石書店、五五ページ）によれば、ときの帝政ロシアが一八六四年にコーカンド・ハン国に遠征し、翌六五年にはタシケントを占領、六八年ブハラ・アミール国を保護国とし、七三年にはヒバ・ハン国を同じく保護国にしたという。コーカンド・ハン国も七六年にはロシア領となり、トルクメンも八五年までにロシアの支配下にはいった。そして、この地域一帯を植民地とし、タシケントにトルキスタン総督府を置いて支配したのである。

時代は下って一九一七年、帝政ロシアは、革命を経てソビエト社会主義共和国連邦（ソ連邦またはソ連）となる。この直後の一九一八年には中央アジアも革命運動により、トルキスタン・ソビエト社会主義共和国が樹立され、ソ連邦に組み込まれる。

その後モスクワは、現在の中央アジア五か国の原型となる国境画定を行なった。ティムール・ダダバエフ著「社会主義後のウズベキスタン」（アジア経済研究所、二〇〇八年、一四ページ）によれば、一九二〇年までに、ヒバ、ブハラ、キルギス（後のカザフスタンをも含む地域）それぞれで、社会主義自治共和国が樹立され、一九二四年から一九二五年にかけて、ウズベクおよびトルクメンにそれぞれ社会主義共和国ができあがる。また、中央アジアの五か国の国境は、相互に入り組んだ形になっているが、ソ連が統治しやすいように国境線を引いたのだという。さらには、一九二九年には、タジクおよびカザフにも自治共和国、また、一九三六年にはキルギス自治共和国の名称がそれぞれ与えられた。

ところで、冷戦史の大家ガディス教授の著書（John Lewis Gaddis "The Cold War-A New History-" The Penguin Press, 2005）を参考にさせてもらうと、ソ連邦は、とてつもなく拡がった。レーニンが組織したロシア共和国は、フィンランド湾から黒海を経て太平洋にまで達していた。これに、コーカサス六か国（ウクライナ、ベラルーシ、モルドバ、アゼルバイジャン、アルメニア、グルジア）、また、前述の中央アジア五か国、そしてバルト三国（エストニア、ラトビア、それにリトアニア）が加わった。人口は、ロシア人と同じだけの非ロシア人を含むことになり、当時でいえば、全体の一五共和国の人口は二億八〇〇〇万、うち非ロシア人は一億四〇〇〇万となっていた。

ソ連の影響力は、東欧にも及んだ。第二次世界大戦後、ソ連は東欧諸国につぎつぎに共産党政権の樹立を後押し、強圧的に抑え込んだのだ。

が、その抑え込みもいつまでも続くものではなかった。磯村尚徳・NHK取材班（『壁崩壊後の世界』（一九九〇年、日本放送出版協会、一三一一五ページ）によれば、東欧諸国にのしかかっていた「ソ連の強圧的な抑え込みのフタ」が取れ、民主化の嵐が吹き荒れ、その頂点となったのが一九八九年一一月九日のベルリンの壁の崩壊だった。これをもってアメリカを中心とする西側陣営との冷戦が終わったのだ。

同書によれば、その背景には、ソ連の軍事費がGNP比一七パーセントにものぼり、また、地下経済といわれる闇マーケットに流れる物資はGNPの二五パーセントにもなり、ソ連の経済がいよいよふるわなくなった。ゴルバチョフのペレストロイカ（改革）は、このような疲弊しきった経済をなんとか活性化させようとする大手術だった。

ソ連が崩壊していくなかで、中央アジアの人々は手離しで自由を求め独立を希望したのではなかった。それは一九九一年三月、中央アジア各国がソ連邦を維持するかどうかの賛否について国民投票を行なった結果、賛成票が九三―九八パーセントにも達したことに表れている（前掲の「中央アジアを知るための六〇章」、九四ページ）。中央アジアの各国は、ソ連邦の一員でとどまりたかったのだ。

八月になり、保守的な反乱派がソ連邦の維持を目指してゴルバチョフを一九日から三日間軟禁するなどクーデターを起こしたが、失敗に終わる。これが契機となったのか、ウズベキスタンとキルギスが同じ月の三一日には独立を宣言、その後続くように、タジキスタンが九月九日、トルクメニスタンが一〇月二七日、そしてカザフスタンは一二月一六日にそれぞれ独立宣言を行なった。それまでの政治的司令塔のモスクワが、その支配を投げ出してしまったようにも見える。

一九九一年一二月二五日、ソ連が崩壊した。国民はソ連の終わりを告げるゴルバチョフの演説に、ほとんど関心を示さなかったという（月出皓司「ロシア・亡国の権力」一九九六年、日本経済新聞社、一九六ページ）。中央アジア諸国は、独立の時点で、ロシアの保護国化から一三〇年が経過し、さらにはロシア革命でソ連の一員に組み入れられてから、冷戦後の独立まで七〇年が経過している。

これだけの時間をかけてロシア化が進んでいったのだ。木村英亮氏（「ロシア現代史と中央アジア」、一九九九年、有信堂、二六ページ）によれば、一九八九年時点で中央アジア全体総人口がおよそ五千万、うち一千万ものロシア人が占めるようになったとされるが、このロシア人の数はほんとうに多いと思う。また、ウズベキスタンについていえば、一九八〇年一月現在で九三の都市があり、そのうち八一はソ連時代に生まれ、七一―八〇年の間だけでも四九の都市が建設されたという（同書二二ページ）。中央アジアの近代化とロシア人の増加はいわば裏腹の関係にあり、地域はロシアの影を大きく引きずっている。

ソ連崩壊からほぼ二〇年、中央アジアではロシア人をはじめとして、ロシア語を操る、ウクライナ人、タタール人そしてドイツ人の何百万もの人たちが本国に帰国するという人口移動が起きている。結果として、地域からは、高い知的レベルの教員や技術者といったかなめの役割を担う労働者が抜けてしまった。それでも今なお、都市部を中心に多くのロシア人ほかが残り、それだけに社会にはロシアの影が色濃く残っている。

このような中央アジアの国々には、貧しいから援助するというわけにはいかない。かつての大国の一部を構成し、プライドをもった人たちであることから、援助というよりも協働でなにかをつくりあげていく協力関係がつよく求められていると言えるのではないか。

九・一一同時多発テロから世界の経済危機

ソ連崩壊後の中央アジアは、どうなったのだろうか。

赴任当初の二〇〇九年、ウズベキスタンは、建国から一八年が経過、ソ連時代を知らない新しい世代が登場していた。

私は、よく二〇歳代の人に向かって、「ソ連の時代には、アメリカのほかの西側のロック音楽を聴くことが禁止されていたって、知っている？」と聞くのだが、「そんな話は聞いたことがないわ」と一蹴される。ロック音楽を聴くのは、今はなんでもないことなのだ。

同じ質問を冷戦期を経験した中年の人たちにすると、「そう、聴いてはいけなかったんだよ。でもね、外国からのラジオ放送や、巷間出回っている音楽テープでロックをよく聴いていたよ」となる。ＮＨＫのロシア語ラジオ講座出演者の話（「まいにちロシア語二〇〇八年一一月号ＣＤ」）では、「禁止されればされるほど、聴きたくなった」という。

さて、中央アジアは、世界の人口のおよそ一パーセントしかいないが、そんなところでも世界的事件が影響する。

アメリカで起こった二〇〇一年の九・一一同時多発テロ事件はそのひとつだ。テロリスト集団のアルカイダの拠点がアフガニスタンにあり、ここで軍事訓練を受けたアルカイダの何人かがニューヨークやワシントンを攻撃したのは、まだ記憶に新しい。アルカイダを受け入れたアフガニスタンの軍閥タリバンを攻撃したのがアメリカだった。その攻撃には、近隣国の協力が必要となる。そのアメリカに基地を提供した国のひとつに、アフガニスタンと国境を接するウズベキスタンがある。

もっとも、二〇〇五年には、ウズベキスタンのある人権抑圧事件を契機に、アメリカは軍事基地を撤去している。アメリカは、軍事基地ができると同時に、開発援助も行なったのだが、少なくとも、私が赴任してからは、大使館を置いている以外に、軍事や開発援助の匂いはあまりない。開発援助については農業関連でアメリカ国際開発庁（ＵＳＡＩＤ）が細々と行なっている程度だった。

そのつぎにやってきたのが、〇八年九月、アメリカ大手証券会社リーマン・ブラザーズ社の倒産に端を発した世界の経済危機だ。

私は、世界がグローバル化したのだから、きっとウズベキスタンも影響を受けるにちがいないと踏んでいた。たしかに、経済危機の影響を受けたロシアやカザフスタンから、失職した出稼ぎ労働者の帰国が相次いだ。キルギスでは、出稼ぎ労働者の送金がＧＤＰの二割にも三割にもなり、見方によれば五割にも及び、彼らの送金が減少すると経済には大打撃になるのではないかと心配された。カザフスタンでも、石油そのほかの鉱物資源価格が続落し、状況はよくない。だから、経済がキルギスやカザフスタンのように悪くなくても、ウズベキスタンも経済的打撃が早晩やってくるものと私は予想していた

しかし、私の予想はほぼ外れてしまった。このウズベキスタンでは、影響をほとんど受けなかったと言っていい。生活実感からしても、為替が大きく変動しているとか、物価が高騰しているといった事態が起きているわけではない。もちろん、少々の為替変動や物価高はあるものの、それらが経済危機とつながっているかどうかは明らかでない。むしろ、カリモフ大統領は、影響を受けなかったことで経済運営には自信を深めている。

はじめの経済危機が先進各国の強い財政出動でなんとかしのげるようになったところで、またしてもつぎの経済危機が起ころうとしている。ギリシャの財政危機を端緒とするユーロ通貨危機だ。リーマン・ショックからギリシャ財政危機まではわずか一年半、世界はあまりにも短い時間のなかでことが進んでいく。

第2章　各国文化センターは競う

こんにちは、日本センター

場所は日本センターのセミナー・ルーム、集まりは新旧両所長の交代のあいさつのためだ。美男、美女の目がこちらを向いている。金髪の白人の顔はロシア系、目鼻立ちがはっきりしていて白人と思えるような人はタタール系、それからウズベク系の人でも、日本人と全く変わらない黒い髪の人、髪の毛の茶色い人もいる。目の色も、東洋的な黒い目（アメリカでは茶色だという）の人も、透き通ったライトブルーの目の人もいる。もちろん、日本人のスタッフも何人かいる。ここは、いったいどこの国なのかと一瞬思ってしまう。かつて滞在したことのあるワシントンＤＣの人たちのイメージが重なる。

中央アジアのウズベキスタンは、日本にはほんとうに、なじみの薄い国のひとつだ。日本を出発する前に、近くの図書館や書店で中央アジア関係の書籍や旅行案内書を探し求めたのだが、ほとんど見あたらない。だから、自分がこれから赴任しようとする国がどうも、どんな姿形をしているのかわからない。これから赴任する人間に勤務地のイメージが湧かなければ、不安が募る。

それから、ウズベキスタンに勤務したことのある人に聞いてみると、ある人は、ロシア語を勉強して行った方がいい、別の人は、いやウズベク語の方が大事だ、とちがっている。この国にはタジク系の人もいるが、これはペルシャ系の言葉なので、イラン（昔はペルシャ）の人なら半分くらいは言っている意味がわかるのだとか。反対にウズベク語は、トルコ系の言葉だとか。言葉の面からでも、一口では言えないほど、この国は多様なのだ。

話はもどって、美男美女の耳目を集めることになったのは、私の勤務初日のことだ。二〇〇九年が明けた正月五日の午前一〇時、前任所長のあとについて後任の私がセミナー・ルームにはいると、二〇人あまりが椅子に座って私たちを待っていた。今度の所長は、どんな人間なのか、スタッフ全員がそう思っているにちがいない。スタッフは男性が五人であとは女性。女性が多いので、雰囲気がとても華やかだ。

これから、新旧両所長の引き継ぎあいさつが始まる。日本センターでの催しや会議には、ラノという名の女性職員が通訳を務めてくれる。彼女は、ウズベキスタンの国費留学で三年間、東京の青山学院大学法学部に留学したことのある才女で、完璧に日本語を理解する人だ。

まず、前任所長が離任のあいさつ。

「日本センターの運営には、これまでひたすら来館者の数を追求してきました。おかげで、センターを始めたころは年間三万人に満たないレベルだったのが、二〇〇八年は七万四千人にもなりました。これもみなさんの努力のおかげです。これまでは来館者数というタマを大きくすることに集中してセンターを運営してきました。しかし、今後は、新所長のもとで、そのタマをきれいに磨いてもらいたい、中身をよくしてもらいたいと願っています」

つぎは、新任の私の番だが、思っていたことが言えなかった。

「前任所長や皆さんのおかげで、日本センターが成功裏に進んでいるのは、喜ばしいことです。私も、彼の仕事に追いつけるようにがんばりたい」とありきたりのあいさつだった。

人前であいさつすると、いつもうまくできたかどうかを考えるのだが、ここで、とくに心残りなのが「オーチン・プリヤートナ」と言うはずだったのに、それが言えなかったことだ。ロシア語では、「はじめまして」というかんたんな言葉なのだが、それが口をついて出てこない、それくらい私にはロシア語がわからない。

ところで、前任の所長が述べた来館者数はかなり説得力がある。一般のウズベキスタンの人が、一日に二〇〇人も三〇〇人もこのセンターにやってくる。そうして積み上げた来館者数が年間七万四千人にもなったというのだから、それは、先輩諸氏や前任の努力のたまものなのだ。このように成功している援助プロジェクトにかかわることができるのだから、私はラッキーとしか言いようがない。

読者には、入館者数がいったいどうなんだという向きもあるかもしれないが、税金を使って事業をするには大事なことなのだ。また、開発援助では数字がすべてではない、という人もいる。それでも私は、成果には数字がつきものだし、この来館者の数を重視したい。それでは、日本センターが始まった当初からの八年間の来館者数を示しておこう。右肩上がりの快進撃だったことがわかる。

〇一年　四、六六二人（ただし、一一月のセンター開所から二か月間の来館者）
〇二年　二六、二〇五人
〇三年　三三、五六五人
〇四年　三三、七七一人
〇五年　四七、七九七人
〇六年　六五、〇八四人
〇七年　七三、六四六人
〇八年　七三、九二三人

日本センターは、タシケント新市街の「インターナショナル・ビジネス・センター（表紙カバーのビルに写った写真参照）」という一六階建ビルの七階と一〇階部分にある。もっともウズベキスタンでは、二階を一階と言うようにヨーロッパの言い方なので、日本センターは一五階建ての六階と九階部分を利用している、となる。日本だと一五階建てと言えば、取り立てて高いビルではないが、低層の建物ばかりのタシケントでは、このビルがひとりそびえたっている。隣にはインターコンチネンタル・ホテルがあり、反対側にはウズベキスタン最大手の民間銀行のビルが建っている。それに、これらのビルは、通り正面に地下鉄の駅があって、市民にはアクセスがとてもいい。

さて、ビルに入って、エレベーターで六階まで上がると、突然日本語で書かれたポスターや案内板が目に飛び込んできて、なにやら日本の雰囲気に包まれる。日本センターのロビーには、日本関係の図書のほかに、ＤＶＤのモニターテレビも置いてある。なんと言っても、日本人形や日本畳などが展示されていて、ウズベキスタンの人たちには日本の香りを嗅ぐことのできる

日本センターのロビー

唯一の場所になっている。だから、このロビーを見ていると、来館者が多いことに気づく。もちろん午前中は、子供たちが学校に行っているのか、人は少なめだが、夕方になると、ロビーや教室は人であふれている。

ところで、まだ初日の段階だが、はたと考えた。なぜ来館者が多いと言えるのか。そもそも、この種のセンターで、この数がほんとうに多いと客観的に言えるのか、これを疑ってかかるのが、途上国援助にかかわるわれら「開発屋」の仕事でもある。私は、この仕事に就いてからいつしか、途上国援助の仕事を「開発屋」と呼んできた。本書では、この疑ってかかる姿勢で読者と一緒に現場のプロジェクトを考えていきたい。

ともあれ、私の日本センター勤務が始まった。

「オーチン・プリヤートナ!」

活動の中身はなに

いったい日本センターはなにをしているのだろうか。もちろん、日本センターには、次の四つの分野の活動を行なっていることは、一応わかっている。

ビジネス学院

日本語教室

相互理解教室

聴覚障害者向けコンピューター教室

ところが、着任から一週間、二週間と月日が経過するにつれて、「コンピューター・コースの修了式があります、所長、あいさつをお願いしますので、所長、あいさつをしてください」、「オリガミ・コンクールがあります、所長、出席してください」、「ビジネス・コースのOBが、「ウズベキスタン全国日本語弁論大会があります、所長、行ってください」等々。頭のなかが混乱し始める。

私は、せっかく、日本センター運営の専門家でやってきたのに、どうもその活動の意味を整理できないで困っていた。それは、途上国の開発援助に従事してきた私には、日本語や相互理解のような文化交流の仕事は初めてのことだからだ。

言い換えれば、なぜ、外国にまで出て行って、日本の文化を伝えなければならないのか、また、文化を伝えるのにも、その活動が量的にも質的にも適当なのかどうか、これらを見極めなければならない。だとすれば、日本センターが、他国の文化センターと比べて、なにが同じなのか、あるいはなにがちがうのか、それらを明らかにすることから始めなければと思うようになった。私の頭のなかはまだまだ開発屋であり、開発とは異なる文化交流のあるべき姿形をイメージできないでいた。

そこで、スタッフに聞くと、タシケントには同じような外国文化センターがいくつかあるという。よし、それならば、あいさつを兼ねてそれぞれの館長を訪問し、いろいろ話を聞いてみようと思った。

あるとき、私が日本センターの職員に尋ねる。

「他国の文化センターに行ったことはありますか」

「ドイツのゲーテ・インスティテュートには行ったことはありますが、ほかには行っていません」

いったい、これはどういうことかと思った。もう、八年もの間、日本センターを運営している。いまや、「イポンスキー・ツエンテル（日本センター）」とタシケント市民からも呼ばれ親しまれている。それなのに、同業者の他国の文化センターのことをほとんど知らない。

このような仕事の仕方に、あえて擁護するとすれば、日本語にしても、相互理解教室にしても、多くの学習者が日本センターに学びに来ていて、その対応で追われている、とうてい他国の文化センターなどにはかかわってはいられない、といったところだろうか。同じく他国の文化センターにしても、とくにイベントでもない限り、われらの日本センターにまで出かけて様子を見るというのはあまりないようにも思う。

われらの日本センターは、ウズベキスタンと日本の両政府の共同プロジェクトだ。ウズベキスタン政府の提供で日本センターは、「インターナショナル・ビジネス・センター」という近代的なビルにあっておよそ一〇〇〇平米のスペースを使わせてもらっている。共同プロジェクトなので、双方から資金なり現物を持ち寄る。タシケントでは、すばらしい施設を使わせてもらっているのだが、それでも、独自のセンター施設を持っている方が運営しやすいこともあるので、ゲーテ・インスティテュートをうらやましく思うことがある。

とにかく、プロジェクト関係者のだれもが他国の文化センターのことを知らないのだから。仕方がない。やはり、自分の目で見て確かめるしかない。

踏みとどまるロシア文化

アジザという職員がいた。お茶やお花、着付けや習字を教える職員で、彼女が、関係の文化センター館長との面会の約束とりを始めてくれた。とにかく、約束のとれたところから訪問することに決めていた。一月末に連絡を始め、「お越しください」と最初に言ってくれたのがロシア文化センターだった。正直、ロシア文化センターがこのタシケントで活動しているとは想像もしていなかった。ソ連が崩壊する前は同じ国だったのだから、ことさらに、ロシアの文化センターを置かなければならない理由がどうもわからない。とにかく話を聞かなければと思った。

二月一一日午後一時過ぎ、少し曇りかげんで、ときおり小雨が舞い肌寒い。車から降りて塀の玄関からはいる。中庭、それからすぐに母屋の玄関口、そこに招き入れられると三階の館長室まで通された。施設は、三階建ての一軒家なのだが、民家を借りているのだという。大きな有名なビルに入居している、われらの日本センターとはかなり趣がちがう。館長室には、ブラジミローブナという名の、かっぷくのいい、歳格好五〇歳くらいの女性が待ってくれていた。お互いに紹介した後、私の方から切り出した。もちろん、アジザが通訳をしてくれる。

「落ちついた施設ですね。ここでは、何人くらい働いているのですか」

「総勢二〇人くらいです」

「ロシア本国から派遣されている人はいますか」

「私だけが派遣されていて、あとはこの国の人たちです」

日本センターも二〇人あまりだから、同じような陣容で文化センターを維持している。実務的な話はさておき、私は、先に述べたように、なによりもロシアが築きあげたロシア語圏ともいえる地域に、なぜ文化センターを置くようになったのか知りたかった。しかし、国の政策みたいなむつかしい質問をストレートにするのも憚れるので、つい遠回りの質問になる。

「ロシア文化センターは、何か国においているのですか」

「四五か国にあり、それに加えて三〇の支所があります」

ということは、センター数が七五か所にもなる。日本の国際交流基金が海外に二三か所（http://www.jpf.go.jp/e/index.html）にしかないことからすれば、これは多い。ＪＩＣＡが支援してきた日本センターは、八か所（二〇一二年三月現在）になるので、それを加えても三一か所にしかならない。

ウズベキスタンのロシア文化センターは、民家としていかに大きくても一軒家の民家を改造した程度で、公的な施設としてはけっして大きな建物ではない。たぶん、どの国にあるロシア文化センターも、きっと同じようなものにちがいない。それほどおカネをかけているとは思えない。文化センターを運営するからといって、大きく立派な施設が常に求められるというわけではないようだ。

「この国にセンターをオープンしたのは何年ですか」

「二〇〇一年です」

わが方の日本センターと同じ年だ。その後の調査でわかったのだが、インド文化センターがもっとも早くて九三年、イギリスとフランスは九六年、遅れ気味のドイツのゲーテ・インスティテュートでも九八年には設置されている。独立から一〇年以内に設置が進んでいるのが興味深い。ロシアと日本は、もっとも遅れてきた部類に入る。

「こちらの文化センターでは、どのような活動をされていますか」

「ロシア語教室のほか、コンピューター教室も行なっています。ロシア語教室では、ロシアの大学受験をサポートしたり、ロシアの文学や歴史を教えたりしています。ときどき、映画会などを行ないロシア文化の紹介を行なっています」

ウズベキスタンでは役所でも企業でも、ロシア語が主流だ。この文化センターでは、ロシア語の書籍やDVDなどは本国から送ってくる。ロシア語の先生は、ウズベキスタンにも多くいるので、わざわざ本国から連れてくる必要もない。反対にわれらの日本センターではいちいち、文書だと日本語からロシア語に翻訳をしたり、日本人講師の授業だとロシア語通訳をつけたりしているが、この文化センターでは、こうした苦労はまったくない。だから、ウズベキスタンにはロシアの文化や言葉がどこにでもあるだけに、どうしても、なぜロシアがこの国で文化交流活動をしなければならないのかと思ってしまう。

ウズベキスタンでは、その独立から、学校現場でロシア語からウズベク語への転換を進め、ロシア文化からの脱却をはかっていた。この国に移り住んでいた人口の一〇パーセントはいたと思われるロシア人も、次々にロシアに戻っていき、いまや全人口の五パーセントまで低下している。

このような背景から、私には、ロシア文化センターの設置は、ソ連崩壊後も、なんとかロシア文化をこの国に残していこうという強い意志の表われのように思えた。そうだとしても、私はウズベキスタンにやってきたばかりの人間なので、一緒に文化センターめぐりをしてくれているアジザ職員に、この考え方が正しいのかどうか聞いてみた。彼女いわく。

「そうだと思います」

力強い独仏の文化進出

つぎに訪れたのが、二日後の二月一三日午後、フランス文化センターだった。フランス大使館の職員を兼ねるベリドー館長から説明があった。英語で話が進んでいくので、私には、とてもありがたい。

「当館は、九六年にスタートしていますが、そのときは、アリアンス・フランセーズというNGOに仕事を任せていました。しかし、〇二年から、大使館が運営する形をとるようになっています。なにかとむつかしい国なので、特権のある大使館で運営する方が円滑な活動ができると考えたのです」

私から単刀直入に聞いてみた。

「なぜ、中央アジアのウズベキスタンで、文化交流の活動をするのですか」

「ソ連の時代には、フランス語やフランス文化に関心を示す人が多くいたのですが、この国が独立すると、英語や英米文化に興味を示す人が増えてきたように思います」

中央アジア全体の人口のうち、ウズベキスタンがその半分も占めている。人口の多い国では、人とのふれあいを重視する文化交流が必要であることは理解できる。しかし、館長の説明には、英米の文化交流に後れをとりそうなので、これではいけない、やはり、フラ

フランス文化センターの内部

ンスの文化や言語をもっと理解してもらいたい、という希望がつよく表われているように思えた。フランスのこの国への思い入れは、それだけではなかった。館長が続けて言う。

「中央アジアのどの国にも、われわれの文化センターを置いているのですが、どれも小さめのものです。なんといっても、ここウズベキスタンの活動が一番大きいのです」

フランスは、ウズベキスタンを重視して活動しているようだ。人口が大きいだけでなく、中央アジアでもっとも文化的香りのつよいところだと考えられるからだ。

ここも洋風民家の一軒家なのだが、とりわけ施設が広くて大きい。白塗りの壁のためか、天井が高いからなのか、明るい施設をさらに明るくしている。おそらく、床面積は、日本センターの敷地の倍はある。

図書室の四方の壁に納まっている蔵書は、われら日本センターの六千冊やロシア文化センターの九千冊どころではなく、おそらく一万冊を裕に超える。スタッフの数も六〇人にもなるのだから、われわれの二〇人あまりの日本センターとは、かなりちがう。フランス語を学ぶ受講生も、七〇〇人にのぼるという。われらの日本センターは三〇〇人だ。

「フランス文化センターでは、どんな活動をしていますか」

「三つあります。ひとつは、文化普及の仕事。ふたつ目は、フランス語学校、それから、三つ目は、リサーチ・センターです。このリサーチでは、地域研究を行なっています」

リサーチは考古学分野の調査が中心とされているが、詳細はわからない。中央アジアという地域に対して、フランスにとってはどのようなアプローチするのが望ましいのか、研究しているのかも知れない。

文化活動の大御所フランスのつぎはドイツ。

数日後の一七日、ゲーテ・インスティテュートを訪問した。実は、この文化センターもすばらしい。地下鉄の駅がそばにあるので、タシケント市民が足を運ぶのにとても便利だ。それから、市内繁華街の中心地に立地する、現代風のしゃれた三階建ての建物なので、だれもが行ってみたい気分になる。外国の文化センターのなかでは、もっとも文化センターらしい建物だと思う。

ここでも三階にある館長室に案内された。かっぷくのいいグンター博士が館長で、彼女と話すこと約一時間半。どこの文化センターでも、同業者はありがたい。くったくなく情報交換ができるからだ。館長とは初対面なのだが、話し出すと話は尽きない。ここでの活動は、ドイツ文化の紹介であり、ドイツ語教室の実施だ。館長が説明してくれる。

「特筆すべきことがあります。旧ソ連時代に、東ドイツに留学したウズベキスタンの人たちが多くいます。このこともあり、全国にはおよそ六千人ものドイツ語教員がいますが、この人たちへの支援というのが大きな仕事なのです」

冷戦終結前の東ドイツの事情が左右していることがわかる。ここは七八〇人ものドイツ語学習者を集めている。彼らが、週に何回か足を運ぶことを考えれば、来館者数のデータを取っていなくても、かなりの来館者数になることは容易に想像できる。

館長と話が終わったところで、館内を案内してもらった。喫茶室があるのが、うらやましい。帰り際はちょうど夕方、施設内の混み具合がわかる時間帯だ。帰路の車中で、私がアジザ職員に漏らす。

「来館者の混み具合は、われらのセンターと同じか、それ以上だね」

昇竜のインド

二月は、まだ冬枯れの殺風景な気候が続いていた。

少し繰り返しになるが、一一日のロシア文化センターから始まって、一三日のフランス文化センター、その後、一七日のドイツのゲーテ・インスティテュート、二三日のインド文化センター、そして二四日にはイギリスのブリティシュ・カウンシルと訪問が続いた。アジザ職員と私の文化センター訪問は、淡々と進んでいった。

実は、ウズベキスタンでは、これほどスムーズに各所訪問が進むのは珍しい。というのは、官庁や大学などを訪問する場合、それらがウズベキスタンの公的機関なので、かなり前から文書で面会を申し入れ承諾をとっておかなければならない。しかも、申し入れたからといって、面会できるとはかぎらない。反対に、各国の文化センターは、外国の機関だから、電話だけでも約束ができるほどスムーズに進む。

インド文化センターのミトラ館長も、快くわれわれを迎えてくれた。

さっそく、館長室に案内される。昼間なのに館長室はほんとうにうす暗い。古い二階建ての一軒家は、やはり民家風、どことなく精彩に欠ける。来館者はまばらなので、いっそう寂しさを感じさせる。繁華街からは少し離れ、最寄りの地下鉄の駅も徒歩で一〇分はかかる。立地は、けっしてよくない。やはり、文化センターを比べるにしても、老舗の独仏のような派手さはないように見える。

私からミトラ館長に質問する。

「インド文化センターは、何か所に展開しているのですか」

「三五か国に文化センターをもっています」

「どのような国にセンターを置いていますか」

「近隣国では、ロシア、カザフスタン、タジキスタン、アルメニア、グルジアにあります。ロシアには、ソ連の時代から置いています。ヨーロッパでは、イギリス、フランス、スイス、スウェーデンなどです。アジアでは、インドネシアやマレーシア、アフリカは南アフリカに文化センターを置いています」

私は、すごいなと思った。すらすらと地域や国の名前が出てきて、なにやら勢いがちがう。インドは新興経済のひとつではあるものの、海外進出までの余裕はあまりないはずだ。ましてや文化交流の分野にまで届くはずがないと私は思っていたからだ。

「文化交流の予算は増加しているのですか」

「ええ、増えていますよ。ウズベキスタンでは、九三年から活動を始めています。ここは二階建ての一軒家を借りていますが、見ての通り老朽化が進んでいます。それで、年内には、市内の中心にあるボーリング場の向かいに新しい大使館建物が建設されることになっていて、その隣にわれわれの文化センターも建設される予定です」

私は予算の状況を聞いただけなのに、館長からは、新しいインド文化センター建設の話が突如出てきた。こんな暗い感じのする施設におさらばして、もっと活動を活発にしますよ、と言いたかったにちがいない。

「インド文化センターの活動にどんなものがありますか」

「ヒンディー語、インドの伝統舞踊カッタル・ダンス、それからヨガの各教室を開いています。カッタル・ダンスの受講生は一九名しかいませんが、ヨガを習っている人は、三千名にもなります」

なるほど、インドにはヨガというつよい文化がある。

「それから、ヒンディー語については、学校現場に先生を派遣しています。タシケントには、基礎教育校（日本の小中校をあわせたものにあたる）、リツェー（同じく高校にあたる）、それに大学があります。それで、特定の基礎教育校二校、リツェー一校、そしてタシケント東洋学大学に先生を派遣しています。ウズベキスタンの人でヒンディー語を習いたい人はこれらの学校に進学を希望することになります」

ウズベキスタンでは、特定の学校に特定の外国語を習得させる方法をとっている。外国語の好きな国民だから、このような方式をとっているにちがいない。それにしても、首都圏だけではなくて、地方の活動はどうなっているのだろう。

「地方での活動、どのようなことをしていますか」

「これもかなり、がんばっています。サマルカンド、ナマンガン、ナボイ、アンディジャン、フェルガナ、テルメズ等々に出かけて行っては、「ヒンディー・ウズベク文化の夕べ」という伝統ダンスの催しをやっています。各市の予算でやらせていただくので、おカネはそんなにかかりません」

そうか、文化交流活動というのは、ほんとうに草の根の活動なのだ、市民に直接働きかける大事な仕事なのだと思った。

私には、いよいよ聞かなければならないことがある。

「インド政府にとって、なぜ、この国で文化活動が必要とお考えでしょうか」

すぐには答えが返って来なかった。早口の館長が考えながら話す。

「まず、インドとこの国とは歴史的に関係が深いことです。一五世紀のことですが、モンゴル支配の後、建国の祖と言われるアミール・ティムールが帝国を建設しました。実は、ティムールの子供のボブールが、この中央アジアのみならず現在のインドをも取り込んで支配していたという歴史上のリンクがあります」

そういえば、タシケントにあるアミール・ティムール博物館に行けば、インド・アクラにあるタージ・マハールのミニチュアが展示されている。あの建築様式は、このウズベキスタンあたりから出ているのだという。

「それから、もうひとつは、一九六六年のことですが、シャストリ・インド首相がインドとパキスタンの間の合意文書署名で、この地にやってきました。ところが、訪問中に首相が心不全で亡くなったのです。このような歴史上のリンクはあるにしても、わがインドとしては、なによりも、他国に文化普及活動を行なうのは大事なことだと考えています」

そういえば、シャストリ首相の写真が館内の壁にかかっていた。

年末までには、インド文化センターの新しい施設ができあがる。できあがれば、ウズベキスタン国民との文化交流がもっともっと盛んになるだろう。

洗練のブリティッシュ・カウンシル

多くの文化センターを訪問すると、ちがった面からの発見がある。

七五年の歴史をもつブリティッシュ・カウンシル、きっと最先端の文化センターになっているにちがいないとの先入観がある。ところが、最後の訪問先となったカウンシルは、見かけがもっとも悪いので、少し肩すかしをくらってしまった。文化センターの多くは、民間の一軒家を借りているが、ここだけは古くなった大学の一角を借りて活動していた。日本センターの半分くらいしかない。

面会を申し入れて相手のところに行けば、相手が自動的に話してくれるわけではない。私からジェイコブソン館長には、とにかく質問しなければ、話を聞かせてもらえる雰囲気ではない。とくに、この人は寡黙な感じに見えた。一通りのあいさつの言葉を交わして、私から話を始めた。

「ホーム・ページには、一一〇か国、二二九のティーチング・センターがあり、毎年一六〇万にも及ぶ人たちと文化交流を行なっているとありました。実に多くの人がブリティッシュ・カウンシルに出入りしていることになりますね。それで、予算は、すべて本国の本部から送られてくるのですか。予算頼りでの活動はたいへんだと思うのですが、いかがですか」

「幸い、私どもは、先進国でも活動していて、多くは英語教室で収益を上げ、それを途上国で使うという面があります。それだけではなく、イギリス外務省、国際開発省（ＤＦＩＤ、日本のＪＩＣＡあたるイギリス援助省）、教育省、労働省、それに民間企業とも一緒になってプロジェクトを行なうことがあります。近隣のアゼルバイジャンでは、民間の石油会社ＢＰ社から資金を得て活動したこともありました」

英語教室で収益をあげること、それは私のように長い間予算を基に活動してきた人間にとっては新鮮なことだった。二〇〇九年一月三一日付け朝日新聞「文化交流、あるがままの対話、テロの時代、分かり合う手だてに」によれば、全予算が五億六千万ポンド（約七四〇億円）、うち3分の2の五〇〇億円相当を稼ぎ出しているとある。しかし、それは英語の母国のイギリスだからできることであって、日本に当てはめることはできない。その意味で、日本語の普及には、ほんとうに困難がともなう。

それから、イギリス本国の省庁プロジェクトを請け負うことも新鮮だった。もっとも、日本でもこうした方向性の必要性は叫ばれ、現実にはその方向に進んでいるともいえるのだが、やはり弱いように思う。文部科学省や国際交流基金からイベントの要望があれば、われらの日本センターは、いつでも協力している。ただ、一日や二日のイベントというよりも、一年も二年も続くようなプロジェクトの実施となると、現状では進んでいない。

「ところで、英語は世界語になっていて、イギリスは、その英語の本場です。いまや、ほんとうになにもしなくても、英語学習者が増えていくと思います。しかし半面、その対応はたいへんだと思うのですが、いかがでしょう」

「その通りです。ですから、ここでは、初心者用の英語教室は行なっていません。むしろ、ある程度英語の勉強をしていて、もっと英語力をつけたいという人たちを支援することにしています。そのひとつが、われわれが開発したセルフ・ラーニング方式なのです。自分で勉強できるよう五つのパッケージがあり、学習者が自己のレベルに応じて選ぶようになっています。もっとも、ひとりで学びなさいと言って放っておくのではなく、学習中に質問があればこれに応じるようにしています。そのために館内に相談カウンセラーを配置しています」

われわれ日本センターでは、日本語の学習者を増やすために初級や中級の日本語教室から始めている。言ってみれば、一からの手とり足とりの基礎的な日本語教育となっている。このレベルの教育を省くことができれば、もっと上級の語学教育に専念することができる。この点について、カウンシルの館長は言う。

「私たちが力を入れている活動のひとつに、教員養成のプロジェクトがあります。現在、全国に一九の教育大学がありますが、三年間で、ひとつの大学につき四人の英語教員を訓練することを目標に活動しています。これを実施するには、大学のひとつひとつについて実施していく方法があると思いますが、私たちのものは、それとはちがいます。まず、タシケントでカリキュラムを作ります。つぎにウズベキスタンの英語指導員を育てます。そして、それら英語指導員が手分けして各大学に赴いて大学教員を教えるのです。こうして現在では、一年目が終わったところで八大学への指導が終わっています。あと二年間で残りの一一大学の指導を終わらせる予定です」

これは、上級の上を行く取り組みだ。

それにしても、なーんだ、と思った。実は、このような間接指導方法は、別に新しい方法でもなんでもない。日本の援助機関であるＪＩＣＡがその人材育成のプロジェクトで長年行なってきたやり方だ。文化交流も技術協力も、実は国境を越えた二国間の活動であることに変わりがないし、いずれも一定の訓練をともなう人材開発の活動でもある。

ところで、例によって、私には館長に聞かなければならない質問がある。

「イギリスは、なぜ外国で文化活動を行なうのでしょうか」

「そうですね、世界は、環境問題、貧困それに経済不況などの大きな問題に直面しています。これらの解決には、多くの国が情報をシェアして協力することが大事になります。それには、どうしてもコミュニケーション力を高めることが必要ですよね。それには、なんといっても英語が不可欠になっていると思います」

私は、ああ、そうなのだと思った。英語の普及は文化交流だけの活動ではない。それは人材開発にもなり、また、それが世界の環境や貧困の問題とも関連しているのならば、文化交流というよりも開発援助の活動でもある。

こうしてみると、どうも文化交流と開発援助の人づくりの間にあまり境がないようにも見える。

文化センターにビジネス分野があっていい

私は、駆け足で主だった各国の文化センターを訪問し、そうすることで、各国文化センターの事情が少しわかったような気がした。

このほか、韓国の文化センターもあると聞いたので、韓国のJICAともいうべきKOICA（コイカ）事務所を訪ねた。しかし、いわゆる文化センターのような機能をもった施設を置いていないというのが彼らの話だった。あるのは、本国教育省の運営する韓国語センターであり、ここでは朝鮮系ウズベキスタン人のために訓練が行なわれている。約千人もの朝鮮語学習者がいるという。そう、ウズベキスタンには、スターリンに強制移住で連れて来られた朝鮮系の人たちが二〇万人もいたとも言われ、その末裔がこの国で暮らしている。多くの朝鮮系の国民がいるところに、多くの韓国系の会社が進出していることから、この語学学校の意義がとても大きいように思えた。

中国も、外国で文化活動を行なうのに孔子学院と呼ばれる拠点を持っている。どこかの大学にこの学院を置かせてもらい、中国語や中国文化普及のために教材や必要な資金を出している。ウズベキスタンには、そうした活動を行なう大学があると聞くが、訪問する機会を失ってしまった。

このほか、この国にはエジプトやポーランドといった国の文化センターもあるようだが、どこまで大々的に行なっているかは調べていない。私が訪問した五か国の文化センターだけでなく、ほかにもいくつかあるようなので、それらの存在を知らないと思われるのはよくない、だから、ここではあえて触れてみた。

さて、そうした各国文化センターの活動で共通して言えるのは、まず、自国の言語の普及があり、その一環で本国に送り出す留学生への言語指導が柱となっていることだ。また、映画会、絵画写真展、伝統の音楽やダンスといった文化活動もよく行なわれている。

それでは、われらの日本センターの活動はどうなのか。

日本語の教育や日本文化の催しという点では、最大公約数的に言って、各国文化センターとそれほどのちがいはない。ところが、日本センターには、ビジネス学院の運営というもうひとつの大きな柱の事業がある。ビジネス学院については、章を変えて詳しく触れることにするが、ここでは、ウズベキスタン社会ではかなり受け入れられていて、成功しているプロジェクトのひとつだと考えていただきたい。

正直のところ、私は、文化センターの活動のひとつにビジネス教育を設けるのは、他の先進各国の事例と比べてかなりちがった行き方ではないのではないかと思っていた。われらの日本センターの正式な名前は「人材開発センター」であり、国際協力のＪＩＣＡが実施しているのだから、どちらかと言えばビジネス教育の比重が大きくなければならないのはわかる。しかし現実には、来館者という点で日本語教育や各種の文化教室に参加しているタシケント市民が圧倒的に多い。日常のマネジメントも、ビジネス、日本語、そして文化教室、どれも等しい業務量となっている。要は、文化センターというお決まりの活動があるとすれば、その中身はなんなのか、それに照らして日本センターはこのような考え方が正しいのかどうか、これらを確かめる意味でも、私は、五か国の文化センターを訪れたといってもよい。

各センターを回ると、活動が微妙にちがうこともわかってきた。たとえば、ブリティシュ・カウンシルの活動は、教育や人材開発と言っていいし、また、フランスも、リサーチ・センターを置いていて、中央アジアという地域の調査研究を行なっている。その調査研究は考古学が中心だと言われていたが、外交問題、開発援助、また文化協力の問題をも扱っているようにも思えた。もっとも、その後私の帰国直前に再度フランス文化センターを訪れる機会があったので、その際、この調査研究活動について聞いてみた。そうすると、返ってきた言葉はどうも「縮小の方向だ」という。ウズベキスタン側が納得しなかったのかもしれない。

ロシア文化センターにしても、そうだ。先には触れなかったが、ウズベキスタンには七〇〇社にのぼるロシア企業があり、将来的には、二国間の民間企業を仲介するような機能も担いたいという館長のコメントがあった。

私には、こうした各文化センターの独自性に注目すれば、文化センターの機能は、従来の言語教育や文化交流にとらわれる必要はあまりないと思うようになっていた。だから、経済で成功した日本のビジネス経験を広く伝えるというのは、文化交流の一部と考えてもかまわないのではないか。このように考えれば、文化センターという切り口でも、ビジネス学院の活動が特異でもなんでもないように見えてきたのだ。むしろ、そのことが日本らしい、ユニークな文化センターにしているのではないかと思えるようになっていた。

なお、各国文化センターをつぎの通り比較してみた。これらは、各文化センターでの聞き取りと、コロンビア大のジェラルド・カーティス教授の記事（二〇〇七年一二月九日付け中日新聞「日本のソフト・パワー外交」）および国際交流基金ホームページを基に作成している。ここでは、ＪＩＣＡの日本センターは、必ずしも同列ではないことから含まれていない。

	（海外拠点数）	（ウズベク開所年）	（ウズベクでの特徴）
ロシア文化センター	七五か所	〇一年	ロシア文化を残す努力
フランス文化センター	多数	九六年	香り高い文化をマイペースで伝える

ゲーテ・インスティテュート	一二九か国	九八年	ドイツ留学組がウズ国に六〇〇〇人いるが、そうした人を通じたドイツ語普及
インド文化センター	三五か国	九三年	ヨガ教室受講生が三〇〇〇人もいる
ブリティッシュ・カウンシル	一一〇か国	九六年	増加する英語学習者への対応
日本センター	二一か国 二三か所	―	―

開発援助と文化交流の融合

さて、章のおわりにあたり、まとめとして三点について言及したい。

まず、われらの日本センターの年間七万四千人の来館者のもつ意味を改めて考えておきたい。他国の文化センター訪問を通じて、私は、それらと比較すると、日本センターの来館者数が必ずしも大きな数字ではないと思うようになった。どこの文化センターも多くの人が来館しているからだ。また、ウズベキスタンの人たちは、ソ連の一部ではなくなったことから外国文化につよい関心をもつようになっていることも作用している。

すでに述べたが、つぎのような事実もあきらかになってきた。

どこの文化センターでも、とりたてて来館者数を把握しているのではないが、自国の語学教育分野では、八〇〇人前後の受講者を確保している。これらと比べると、われらの日本センターでは三〇〇人前後とむしろ学習者は少ない。

ただ、数字には意味があることも考慮しなければならない。つまり、欧米の主要国の文化的進出は歴史的に先行しているし、英独仏といえば世界を魅了する文化をもった老舗の国々である。かたや、日本は、文化的には中央アジアではまったくの新参者ともいえる。それだけではなく、詳細に言えば、欧米の語学学習者は、レベルを選ばなければだれでも受講することができるのに対し、日本センターでは、いちおうレベル別に試験を課していて、すべての応募者が受講できるわけではない。このように考えれば、どうしてどうして、ここまで多くの地元の人たちを集めるようになったものだと思う。

二点目は、日本は文化大国のひとつであることだ。

ブリティシュ・カウンシルの館長が私にメールをくれた。

「あなたのおっしゃることに同感です。われわれカウンシルも機会があれば、日本センターとも協力していきたい。今後も情報交換をよろしく」

実は私は、訪問した文化センター館長すべてに、お礼のメールをすでに書いており、これは、その返事のひとつだ。私が文化センターの仕事にかかわってから、二か月が過ぎようとしていた。ひとつひとつの文化センターを訪問し、その作業を通じてしきりに、われらの日本センターがなんなのか、また、どうあるべきかを考えようとしていた。私は、カウンシルの館長には、面談できたことのお礼を書き、とくに私の率直な感想をつぎのように付け加えた。

「私たちは、貴カウンシルの英語普及の活動がウズベキスタン全土で行なわれていることを知りました。英語の大学教員への指導プロジェクトはとてもダイナミックで、私には印象的でした。英考えてみれば、貴カウンシルも私たちの日本センターも、文化活動を通じて、このウズベキスタンの人々と、とてもいいふれあいをもっているように思います。そして、その目を文化センター同士の関係に移しますと、ある種の競争が行なわれているようにも思われました。それは競争といっても、ウズベキスタンという土地で文化活動を通じて平和的に行なう競争と言ってもいいのではないでしょうか。文化的な競争は、ひいては、より平和な世界を目指す活動だと私は理解しています」

文化活動を通した平和の競争は、なにもイギリスとだけではない。どの国の文化センターもこのウズベキスタンに自国の文化を理解してもらおうと努力している。

ところで、他国の文化センターの活動を垣間見ていると、日本の国際文化交流は、多くの困難に直面しているように思えてきた。

先のデータにあるように、英独仏露それにインドそれぞれの文化センターの数と比べると日本センターの数が圧倒的に少ない。また、昨今では、日本政府の財政難からＪＩＣＡだけでなく、国際交流基金や日本貿易振興機構といった国際的活動を行なっている機関には、予算減という冬の時代が続いている。拠点が圧倒的に少ないところに、財政難が覆いかぶさるので、増加に転じること自体が困難ということになる。それでなくても、先のカーティス教授の記事は、日本は欧米の主要国に比べてソフト・パワーが弱く、文化センターの進出の点でも十分でないと警鐘を鳴らしている。彼の言葉を引用しよう。

「日本の伝統的な対応型外交は、情報への特殊な態度を形成している。外交課題は世界の潮流にあわせることであるため、明治時代から今日に至るまで日本で強調されるのは、世界に関する情報の収集であり、日本の情報を世界に発信する重要性を十分認識していない」

このようにカーティス氏は、情報発信の時代なのに、日本はいまも情報収集の態度のままで変わっていないのではないか、と疑問に思っている。

また、従業員数の比較では、日本が圧倒的に少ないこともつぎのように指摘している。

「国際交流基金の職員数は三四八人というのは、信じられないほど少ない。ゲーテ・インスティテュートはその一〇倍で、ブリティッシュ・カウンシルには五千二〇〇人以上の職員がいる」

日本が経済大国のひとつではあっても、文化的な顔をなかなか示すことができてない状態にある。経済だけの顔であるのならば、経済の衰退とともに忘れ去られるのではないか。

経済規模では日本が中国に抜かれ世界第三位になっても、経済大国のひとつであることにはちがいがない。そうして経済発展を遂げた国がつぎにプラス・アルファーとして主張して行くべきは、文化交流の分野ではないのかと思わないでもない。そして、グローバル化する国際社会にあって、なにかと日本を理解してもらうためにも、アジアの文化大国のひとつとして、いや世界の文化大国のひとつとして、多くのことを発信していくことが求められているのではないだろうか。

最後の三点目は、日本が総力をあげて取り組んでいることだ。

日本側関係者もウズベキスタンの市民も、「日本人材開発センター」を「日本センター」と呼んでいる。そこでは、一方には、ビジネス学院を運営するＪＩＣＡ固有の開発援助プロジェクトがあり、他方では、国際交流基金から専門家が派遣されるなど日本語という文化的な活動をも取り入れている。考えてみれば、ビジネス教育も、日本語教育も、そして相互理解という文化活動も、それぞれ日本文化の普及という点で変わりはない。むしろ、日本文化の発信に一役買っているとも言えるし、また、開発援助プロジェクトに文化的な香りを取り入れたと言ってもよい。このため、われらの日本センターでは、当初より国際交流基金とＪＩＣＡが一緒になって活動を行なっている。そうした現実的な対応がプロジェクトの成功につながっているといえよう。

開始から一〇年近くが経過した現在、日本センターは、文化的な活動を行なう機関として根付いている。こうした開発援助と文化交流の融合は、日本政府、国際交流基金、そしてＪＩＣＡが一体となって進めて来たものであり、先達関係者の高い見識に敬意を表したい。

次章では、タシケントにおけるわれらの日本センターの文化活動を報告したい。

第3章　ウズベキスタンに日本文化が息づく

ブハラ支所の責任者

話を赴任直後の一月にもどしたい。

仕事の引き継ぎはたいへんだ。

前任所長が後任の私をともない、関係省庁に連れて行ってくれる。新任の私は、タシケントの関係先をなにも知らないのだから、ただただ彼の行くところについていくだけである。引き継ぎは、文書もあるが日頃関係している人たちへの顔合わせが中心となる。日本センター内の職員の顔すら覚えていないなかで、とにかく訪問先へのあいさつだから、これもなかなかおぼつかない。

対外経済投資貿易省（対外経済省）は、日本センターを担当するウズベキスタンの省庁。この省庁のガニエフ大臣やハビブラエフ情報総局長との面会は印象的だった。対外経済省では、大きな会議室に通され、その真ん中にある大きな会議テーブルをはさんで向かい合い、マイクを使うものだから、とてつもなく大きな会議をこなしているような雰囲気になる。旧ソ連の国では、このような威厳のある施設を作ることが多いと思われるが、人々を雰囲気で圧倒する意味で重要なのかもしれない。例によって、日本語で話せば、同行のラノ職員がロシア語に通訳してくれる。

面会では、前任所長がお別れのあいさつを述べ、後任の私の方は「ウズベキスタンの社会経済開発に少しでもお役にたちたい」と話した。ところが、大臣からは、歓迎のあいさつとともに、「両国の協力関係の基本は心が通じることだ」とのコメントがあった。「あまり、ビジネス・ライクにやるのはよくないよ」とたしなめられてしまったような気がした。これがこの国のお付き合いの仕方なのかもしれない。

引き継ぎは、首都のタシケントだけではなかった。仕事を始めてから四日目、新旧両所長は、日帰りでタシケントの西方五六〇キロ、人口三〇万の都市ブハラに行くことになった。

タシケントの朝は早くまだうす暗い。国内線空港付近で車を降りるのだが、そのターミナルまで続く通りがあるわけでもない。「こちらが国内線です」との案内があるわけでもなく、知る人ぞ知る小道を二～三分歩いてたどりつく。前任所長やセンターのドライバーの道案内がなければとうてい行けないようなターミナルだ。

国内線カウンターでも、ロシア語がまったくわからないので、私は前任所長についていくしかない。待合室に入るにしても、外国人だからなのか、国内線であってもパスポートの提示が求められる。

フライトは、古いプロペラ機で、乗客が五〇人くらいしか乗れない小さなものだ。七時出発でおよそ二時間の飛行時間だった。

シートが必要以上に後ろに倒れるくらい機体が古いので大丈夫かなと思っているうちに、なんとかブハラに到着。空港では、年格好は二〇歳台後半、若くて真面目そうな人が出口のところでわれわれを待っていた。前任所長が彼に会っても、ありきたりのあいさつで対応している。空港出迎えのざわめきのなかでタイミングが悪いのか、この出迎えの人物は忙しそうに動き回っているので、私の方から声をかけるのでもなく、お互いに自己紹介もできないままことが進んでいく。いったい、この人はだれなのだろう、日本語は流暢、しかし、少し甲高い声なので押しが弱そうにも聞こえる。ウズベキスタンの人であることにはまちがいない。

彼の話すのを横で聞いて、日本語の上手な人が、こんな地方都市のブハラにもいるものだと私は感心させられた。

その彼から、「ターミナル内のＶＩＰルームに行ってください」と言われる。

もっとも、なぜそこに行くことになったのかはわからなかった。空港の出口付近にあるＶＩＰルームに入ったところで、前任所長に聞いてみた。彼の説明では、これから会う予定になっているブハラ州副知事が、飛行機で出張に出るので、それならば空港のＶＩＰルームで会いましょうということになったのだそうだ。知事や副知事のような立場の人は、出張に出かける飛行場でも来客に会うくらいだから、多忙なのだと思った。

ＶＩＰルームに入ってしばらく待っていると、年配の人が数人にこにこしながら入ってきた。その真ん中にいた副知事は、前任所長をよく知っているらしく、会うや否やウズベキスタン風の抱擁のあいさつとなる。後任の私は付け足しのようなものだ。ソファーに座るまでもなく、副知事から前任所長に、ウズベキスタン伝統のガウンが贈呈された。さっそく、彼は、それを着用し、カメラの前でとても嬉しそう。

副州知事とのやりとりから、前任所長は、数ある地方都市のなかでも、このブハラの町に日本センター支所を設置するのにずいぶん尽力したように見える。先ほどの日本語のうまい彼が通訳をしている。あいさつもつかの間、飛行機の出発があるので、副州知事一行はＶＩＰルームをあとにした。

しばらくすると、今度は、対外経済省のブハラ地区代表が空港にやって来た。彼は、飛行機で出張するというのではないが、ついでに、ここであいさつをするという手配のようだ。横で聞いていると、彼は、ＪＩＣＡの招きで、産業振興の研修を受けに日本に行ったようで、前任所長に、「ずいぶんお世話になった」と感謝していた。ここでもさきほどの日本語のうまい彼が通訳をしてくれる。彼はいったい、どんな仕事をしているのだろう。

地区代表との短いあいさつのあと、通訳と一緒に車に乗ったところで、本人に聞いてみた。なんのことはない、彼は、日本センター・ブハラ支所の日本語科の事務主任をしていて、日本語の授業までもっているという。そして、支所長こそ置いていないが、彼が事実上、その役割を果たしているようなのだ。名前は、サイフディン、周りの人は、彼のことを「サイフさん」と呼んでいる。

この小さな飛行場では、一度に、相手方関係者だけでなくブハラ支所の主要なスタッフにも会うことができた。出張目的が次々に実現していく。

支所とはどんなところ

つぎつぎに、いろいろなことが進んでいく。これも日帰り出張だからやむを得ないのだが、自分でもなにがなんだかわからないほどだ。

空港を出て今度は、われわれの乗った車がブハラ国立大学に向かう。空港からは約一五分。校門のところで車を降り大学構内にはいる。入ったと思ったら、いきなり、サイフさんから、「ここが日本センター・ブハラ支所です」と言われる。大学なのだから、構内全体がどうなっていて、そのなかで支所がここにありますというのならば、わかるのだが、そんなことを思う間もなく、気がつくと校舎の前で、「日本センターブハラ分室」の看板に出くわす。ちなみに私は、この「分室」というよりも、「支所（branch）」の方が適当な呼び方だと思う。なんと、大学構内に入った正面の校舎、それも一番目立つところにセンター支所があるではないか。建物は、日本の小学校校舎の平屋建てをイメージしていただければいい。

センター支所の入り口を入り、廊下をほんの少し進んで、左側のドアを開けると、その部屋がセンターのロビーになっていた。

ロビーには、入口の受付、日本人形、図書コーナー、DVDモニター、NHKの海外向けニュース「NHKワールド」の流れる大型液晶画面テレビがあり、中央にはソファー・セットが置かれている。ここもタシケントの日本センターと同様、いかにも日本の雰囲気が漂う。ブハラ市民の何人かが、やってきてはDVDを見ている。タシケントの日本センターを小さくしたような感じだ。

廊下を隔て、ロビーの反対側にあるのが支所事務室、サイフさんが案内してくれる。

ここでは、歳は六〇歳前後と思われる池田シニア・ボランティアがわれわれを迎え入れてくれた。黒いスーツを着て、ネクタイをきちっと締めた彼は、アメリカ勤務の経験を含む長年のビジネス経験を活かして、ブハラ地域の中小企業にいろいろなアドバイスをしている。ビジネスマンとしての仕事を終え、途上国のお役に立ちたいと願ってシニア・ボランティアに応募し、ブハラで活動されている。そうか、こういったボランティアにも、日本センターはお世話になっているのだ、と思った。

正直、私はこんなところで日本の紳士にお会いするとは思いもよらなかった。たしかに、前任所長からは池田シニアの話は聞いていたが、ほとんど左の耳から聞いて右の耳から抜けていた。やはり、現場に行って建物を見たり関係者に会ったりしないとプロジェクトの現実の動きを把握することがむつかしい。一度会うと、その後は、いちいち現場に出かけなくても、メールや電話の連絡で仕事を進めることができる。

事務室を出て廊下を奥に進むと右側には、ふたつのセミナー教室が並んでいて、ここでは、日本語や着物の着付け教室などが行なわれる。このように、この支所は、事務室、展示ロビー、ふたつのセミナー室から成っている。小さなスペースだが、地方のセンター支所には十分なスペースだ。

ロビーにもどった。

おやっと思ったのが、そのロビーで青年海外協力隊員の枯木さんに会ったときのことだ。彼女のボランティアぶりは、ほんとうに献身的である。事務室の机で事務作業、ロビーにやってきては受付、教室では、そろばんや書道ほかの先生を担当している。もっと、話を聞かせてほしいなと思いながら、やっぱり忙しそうで軽くあいさつを交わした程度だった。

話は少しそれるが、タシケントの日本センターには、協力隊の永田隊員がお茶、お花、着付け、人形劇等々、日本文化の指導をこなしていた。それだけでなく、日本センターのカレンダー制作、それに伴う現地の女性の撮影などほんとうに多様な仕事を担当していた。そして、ここブハラ支所でも同じように枯木隊員が活躍している。

さきほどの池田シニアといい、二人の青少年活動の協力隊員といい、日本センターの事業にはなくてはならない人たちだ。新所長の私にも、ＪＩＣＡから派遣されるこれらボランティアの力を借りなければならな

枯木隊員のソロバン指導

いことがわかってきた。

センター内を見終わったところで、スタッフ全員にロビーに集まってもらい、新旧両所長のあいさつを行なった。スタッフ全員といっても、ボランティア二人を含んで、わずか五人。ウズベキスタンの人たちの間ではほぼ共通にわかるのがロシア語だ。ところが今度はマムラカットという日本語の先生が出てきて、彼女が両所長の日本語を現地語であるタジク語に通訳してくれる。この人は、まだ日本に行ったことがない。それでも、私が日本語で普通に話す内容をたちどころに現地語に変えてしまう。日本語の達人は、サイフさんだけではなかったのだ。そして、このブハラでは、ウズベク語ではなく、タジク語が主流なので、またしてもウズベキスタンが多民族国家であることを思い知らされる。

これで、だいたい、ブハラ支所のスタッフにも会うことができた。

読者におかれては、日本センターのブハラ支所の話ばかりで、いったいそれがどうだというのかという思いに駆られるかもしれない。しかし、これも、日本とウズベキスタンの協力の一部であり、その意味を考えていただければと思い報告している。申しわけないのだが、もう少しがまんしてお読みいただきたい。

ウズベキスタンの昼食は午後一時からだ。近くで昼食を軽く済ませて、センター支所に戻り、つぎはブハラ大学の関係者に会わなければならない。

われわれのブハラ訪問時には、学長が不在で、代わりに副学長と国際関係学部長に会うことになっていた。しばらく日本センター支所で待っていたところで、サイフさんから、「では時間になったので副学長に会いに行きましょう」と声がかかった。

校舎から外に出た。大学構内の奥の方まで歩いていくのかと思ったら、ほんの一〇メートル離れた向かい側の建物に向かい、あっという間に中の応接室に通される。普通は、どの大学でも風情があって、歩きながら、その大学の様子を感じるのだが、ここでは考えている暇もなく学長室のあるビルに入ってしまった。応接室では、例によって、前任所長が離任のあいさつをし、ブハラ大学にセンター支所をおかせていただいていることへの謝意を述べた。私の方は、同じく新任のあいさつを行なった。

さて、ブハラ大学を訪問して私が強烈に感じたのは、大学の中心部にセンター支所をおかせてもらっていることだ。そのことは、多くのブハラ大学の学生やブハラ市民がセンター支所にやって来やすいことを意味している。それは、われわれのセンター活動の成功の鍵になっている。加えて、大学側からは、スペースの無償貸与を受け、水道光熱費も負担してもらっている。いわば、相手方の最大限の協力となっている。

このような先方政府の多大な協力は、ＪＩＣＡの援助プロジェクトでは、よくあることだ。よくあることだとしても、ウズベキスタン側のここまでの協力は、私は特別だと思う。日本の地方の国立大学や私立大学で、構内のメイン・ストリートにあたるところに、違う国や組織の文化センターをおいてもらえるだろうか、と考えてしまうのだ。

砂漠のなかのささやかな食事会

夕方になろうとしていた。真冬なのだが、風もない穏やかな夕方だった。コート程度で寒さはしのげる。中世にタイムスリップしたように、土色の町並みのなかを歩いていた。前任所長と私は、池田氏の自宅に歩いて向かっている。

巨大なモスク、巨大な要塞といった世界遺産の豊富なブハラは、外国からの観光客を惹きつけてやまない。

私たちは、そのなかの通りを歩いている。けれども、日が暮れる時刻なので施設はもう、しまっている。せっかくの世界遺産の概観を横目で見ながら、通りすぎるしかない。私には、初めてのブハラ出張だったので、思わず言ってしまった。

「目の前に世界遺産があるのに、仕事のためとはいえ、なかに入れないなんて、つまらないね」

足取りはゆっくり、池田氏宅に向かうのに、青年海外協力隊の湯の川という名の隊員が案内してくれている。

「今度は、出張ではなくて、遊びで来てください。その時は、私が案内しまーす」

彼女の声は、はきはきしている。当地ブハラの看護学校で看護学を教えるインテリだ。日本センターとは関係のない仕事に就いている。新旧両所長が来るというので、わざわざ来てくれたのだ。

夕方は、まだ六時にもなっていなかった。池田氏宅に行くと、彼は食事の準備をしていた。そうこうしているうちに、助産婦指導の長嶋隊員、センター支所の枯木隊員と日本人が集まって来た。新旧両所長、協力隊員三名、それにシニアの池田氏で計六人の小さな食事会がそれとなく始まる。

話は、ブハラの生活が中心だ。

池田シニアは、どこどこに行けば、おいしい魚の揚げ物が買える、とさらっと話す。内陸国だから淡水魚しか手に入らない。また、惣菜のサモサはどこどこの店がおいしい、といったたわいもない話に花が咲く。そして、池田氏が、「この大根の煮物は、僕が初めて煮たものです」といとも楽しそうに話している。あれっと思った。ほとんど料理をしない人だと聞いているのに、その彼が渾身の力を込めて煮物をつくってくれたのだ。

そういえば、今回の出張で前任所長が協力隊員のためにタシケントから大事に持ってきた土産がある。それは一キロの豚肉だった。ここブハラでは、手に入らないのだ。タシケントだって、韓国系の肉屋さんにいかないと手に入らない。だから、前任所長がブハラに行くときには、いつも豚肉を携行していた。イスラム教の人が多い国なので、食材の入手がほんとうにたいへんなのだ。

ここは、冬はマイナス一〇度以下にもなり寒く、夏は四〇度を軽く超えて暑い。一年中Tシャツ一つで過ごせる途上国ではないから、ご両親から、冬ものの服を送ってもらっている隊員が多い。生活条件は、アフリカの山奥も厳しいと聞くが、ここもたいへん。日本人は、ボランティアの彼ら以外には住んでいない。センター支所の運営は、ボランティアが生活できるかどうかに大きく左右される。

ここでは、池田氏が中心になって、若い協力隊員を励まし、指導しているように見える。もちろん、ボランティアの仕事も異なるので、すべてがそうだとは言えない。しかし、一部ではあったとしても、池田氏の果たす役割は大きい。そして、辺境の地では、それぞれがボランティアの仕事と生活に真剣に向き合っている。だから、彼らが作る笑顔は、ほんとうにすばらしい。

ブハラは、中央アジアの一都市であり、見たところ、普通の町のように見える。家々が土色だからなのか、冬枯れの季節だからなのか殺風景に見える。それに、日本食などまったくない、言葉もロシア語だのタジク語だのといった困難なコミュニケーションを考えると、日本人にとっては砂漠のようなところといっても過言ではない。それがチャレンジングな協力隊やボランティアの生活でしょう、と割り切る人がいるが、私はそうは思わない。日本を代表して頑張っている彼らを心から応援したい。

ひと通り、ウズベキスタンのビールやワインを飲み、食事をしたところで、飛行機の出発時間が近づいていた。八時には、日本語授業で教え終わったサイフさんが車でわれわれ新旧所長を迎えに来てくれた。

いよいよ一日の仕事が終わろうとしている。私は、飛行機のなかで、長い長い一日を振り返っていた。ブハラでのセンター活動を円滑に進めるのが私の仕事のひとつなので、ほんとうにいい状況視察になった。帰国直前の少ない時間のなかで、前任所長が企画した日帰り出張の意味がわかるような気がした。

考えてみれば、私が東京で受けた専門家採用の面接試験では、日本センターの地方展開や支所設置の話は全く出なかった。ありていに言えば、タシケントの日本センターばかりが前面に出てくるので、ブハラでのセンター活動まで話題にはならない。また、こうした細かい活動は、紙の上だけでは様子がわからず、現地を見ないと理解できないものだとつくづく思った。

こと細かく説明したが、私には、タシケントの日本センターとブハラのセンター支所の運営がどうしても関心事となる。しかし、それよりも、読者には、日本の援助が遠い中央アジアにまで、遠いウズベキスタンにまで、遠いタシケントにまで、そして、首都からも遠く離れた地方都市ブハラにまで行っていることを理解してもらいたかったからだ。国際協力はこうだ、ああだというよりも、少しでも現場を知ってほしかったのだ。

たった一日の日帰り出張だったのに、多くの人に出会うことができた。

これで、プロジェクトの場所を示せたかと思う。

高まる日本語熱

三月にもなると少し春めいて、街中いたるところにあるアプリコット（あんず）の花がわれわれの目を楽しませてくれる。とくに、日本人にとっては、色も形も桜にそっくりなので、てっきり桜だと思ってしまう。

この三月、日本センターでは、いくつかの催しが行なわれた。ウズベキスタン日本語弁論大会（一四日）、オリガミ・コンテストの予選（一六日）と本選（二四日）、ビジネス・コースの卒業式（二七日）といった具合だ。もちろん、レギュラーの活動で、日本語クラスには三〇〇人の参加者が勉強しているし、ビジネス・コース参加者七〇人は卒業式まで息をつく間もなく勉強を続けている。さらには、相互理解の活動では、習字、オリガミ、お茶、着付け等々の教室が開かれているが、それらは三月だけで六〇教室近くにもなる。これらが、一か月のわれら日本センターの活動だが、日本で言えば、「カルチャー・センター」のようなものだ。

講師の一部は外部に依頼しているものの、二〇人あまりの人員でこれら活動に対応しているのだから、私は日頃の職員の皆さんのがんばりに、ただただ感謝あるのみである。

ついでに、きちんと説明しておかなければならないことがある。それは、先のウズベキスタン日本語弁論大会についてだ。この国には、日本語教師会というのがあって、正確には、ここが主催者となっている。だから、日本センターは、お手伝いをする立場にすぎない。それでも、われらの日本語班スタッフが総出で準備に加わっていて、彼らの働きがなければ成立しないほどの大会なのだ。

そこで、ここでは、ウズベキスタンで日本語がどれくらい普及しているのかを取り上げたい。

まず、ウズベキスタンだけでなく、少し大きくとって中央アジアの各国ではどうなっているのだろうか。

国際交流基金の「日本語教育国別情報」によれば、つぎのとおり、日本語学習者はウズベキスタンが一番多い。ただ、カザフスタンとキルギスタンは、人口が少ないのにもかかわらず善戦している。タジキスタンとトルクメニスタンは、低調だ。いずれにせよ、日本語に関心持っている人がウズベキスタンに一番多いということは、日本にとっては、関係を大事にしていかなければならない国のひとつだと考えられる。

（国名）	（九八年学習者数）	（〇三年学習者数）	（〇六年学習者数）
ウズベキスタン	六五六人	一六五五人	一八七五人
カザフスタン	四四九人	一一三九人	一五六九人
キルギス	七二一人	五九一人	一〇六四人
タジキスタン	〇人	八〇人	九三人
トルクメニスタン	〇人	〇人	〇人

（ただし、〇八年末のウズベキスタン日本センターの調査では、トルクメニスタンには、二〇人の日本語学習者が確認されている）

つぎに、われらの日本センターがウズベキスタンでどんな役割を果たしているのか、この大きさ（マグニチュード）を見ておく必要がある。

先に述べたように、ウズベキスタンでは日本語学習者が二千人に迫ろうとしている。そのなかで、われらの日本センターの日本語コースで集めた初級中級レベルでは、発足当初の〇一年一〇月で学習者が六二名にすぎなかったのが、〇八年九月時点で四〇一人となり、現在では安定的に三〇〇人を超えた水準で推移している。単純化すると、現在、ウズベキスタンの日本語学習者の一五から二〇パーセントが日本センターの日本語コースで学んでいることになる。

躍進はそれだけにとどまらない。

たとえば、先のウズベキスタン日本語弁論大会では、二二人が参加するなか、うち四人が日本センターの学習者だった。これは参加者の一八パーセントにすぎないけれども、知識水準の高いえり抜きの大学生の出場が多いなかで、われら日本センター育ちの一般受講者が出場を果たしていることに注目してもらいたい。

その後、中央アジア日本語弁論大会（五月二日）が行なわれ、その模様が日本テレビ「笑って、こらえて」で報道された。テレビ関係者が、「鳥肌が立つような取材ができました」と述べるほど、各国出場者の弁論やその応援が盛り上った。ここでも、日本センターは、矢面にはたたないけれども、大会準備など縁の下の力持ちの役割を果たしている。

このような日本語普及の活動は、日本語専門家を派遣する国際交流基金の協力が大きい。弁論大会しかり、高校生までの弁論大会である日本語学習発表会（五月一六日）しかり、はたまた、受験者が増加している日

日本語中級コース卒業式（3～4年をかけて卒業）

本語能力試験しかり、これらは、日本語専門家が中心となって進めている。

いまでこそ、日本語学習がこんなにも普及しているのだが、独立間もないころの日本語学習者の状況はどうだったのだろうか。

優秀な学生の集まるタシケント国立東洋学大学がある。この大学の菅野怜子先生が長年にわたって日本語を指導されている。彼女は、筑波大学大学院地域研究科論文集「ユーラシアと日本」(二〇〇六年三月、一〇三ページ)で、日本語学習者について、つぎのように述べておられる。

「一九九一年、ソ連崩壊と同時に期せずして独立国家となったウズベキスタン。ソ連時代は、外国との関係は、モスクワ政権が中枢で、ウズベキスタン人は、日本人と直に接するなど皆無に近かった。もちろん、日本語教育は、ロシアが中心であって、独立当初は、日本語を知っていた人は、ほんの一人か二人だけだった」

要は、日本語の普及は、ソ連の崩壊直後のゼロからのスタートだったのだ。

成果をあげる日本語協力隊員

もう少し、ウズベキスタンの日本語教育について触れたい。

日本語班スタッフに、カモーラという職員がいる。年齢は二〇歳台半ばの東洋学大学卒の優秀な人材だ。ひとあたりのいい良家の子女を思わせる人だが、日本語とロシア語の通訳を完ぺきにこなす。その彼女に、ウズベキスタンの大学数、それも地域別に教えてほしいと頼むと、あっという間に教えてくれた。彼女によると、国内の大学数が六一校、約半数の三二校が首都タシケントにあるという。

私は、この国の大学事情がわからなくて、たいへん恥ずかしい思いをしたことがある。四月のある日、私は、タシケント・ウエストミンスター国際大学の学長を訪問したときのことだ。私は質問をした。

「ウエストミンスター大学は、イギリスの大学名ですね。この国では、採算をとるという意味で、私大の運営はたいへんでしょう」

「いえ、この大学は、国立大学なのです。大統領令によって設立された国立大学です。この国では、すべての大学が国立なのですよ」

私は、この国の事情を知らないで発言してしまったことになる。もっとも、私よりあとからやって来た援助関係者も、同じように私立大学だと思って発言していることがあった。

ここでいいたいのは、かつて西側諸国と言われた国からやってきた人間からすれば、あたりまえになっていることが、この地域に来ると、それはあたりまえではないことがある。反対に、とくに世界の経済危機が起こるような大変動の時代には、西側諸国の社会の在り方が普通だと考えること自体がへんなのでは、と考えさせられることもある。それと似たような経験がいくつもあるが、それらは、また後の章に譲ることにする。

本題の日本語教育に戻したい。ウズベキスタンでは、例外的な私立大学を除いて、国立大学しかない。そのなかでも、日本語を教えているのは、つぎの大学だ（順不同）。

① タシケント法科大学（名古屋大学が支援する日本法教育センターで、日本語の集中講座）
② ウズベキスタン国立世界言語大学（日本語の通訳とジャーナリズムの二コース）
③ 世界経済外交大学（第二外国語としての日本語）
④ サテボ観光カレッジ（日本語講座）

⑤タシケント国立経済大学（第二外国語としての日本語）
⑥タシケント国立東洋学大学（日本語学科）
⑦サマルカンド国立外国語大学（第一外国語としての日本語）

そうすると、大学数全体六一校のうち七校で日本語が教えられていることがわかる。約一割の大学で日本語が教えられているということは、こんなにも多いと見る場合もあれば、いやまだ少ないという見方もあるだろう。しかし、こうして日本語を教える大学をよくみてみると、ウズベキスタン国内でも有名どころの大学に集中している。先の弁論大会の出場者は、こうした大学からが多い。

それで、もう少し仔細にみてみると、多くの大学に日本人の教員が配置されていることがわかってきた。たとえば、⑤には、日本のNGOから二人の年配のボランティアが派遣されていると聞く。⑥には、先ほどの菅野先生が日本語の指導にあたっておられる。

それで、あとの①～④と⑦の五大学には、なんと日本語の青年海外協力隊員がひとりずつ派遣されているのがわかってきた。大学に派遣されている日本語隊員が、全体としてみれば、この国の日本語教育に大きなインパクトを与えているとみるのだ。

日本語弁論大会への出場者の多くが彼らの指導に負うところが多い。日本語隊員は、弁論大会に審査員として、また事務方として協力しているが、それだけでなく、自分の教え子が登場すると、わが子のように、その出来不出来を真剣に見守る。

日頃の仕事にしても、どの日本語隊員も、くたくたになっているように見える。毎日の授業時間がびっっしり埋まっているからだ。私は、ある隊員に言った。

「一生懸命教えるのはいいことなのだけど、体調をきちんと管理するためには休まないと」

「そう考えることはあるのですが、ウズベキスタンの先生や同僚が忙しくしているのを見ると、私だけがボランティアだからと言ってゆっくりはしていられないのです」

　彼女は付け加える。

「それに、授業に出ていると、学生のくらいつきがものすごくいいのです。日本語隊員にとり、ほんとうにやりがいがあります」

　これは日本語隊員ひとりの言葉ではない。この国の日本語隊員が大なり小なり一様に言っている。このように、ウズベキスタンの人々の間では、日本語熱がかなり高く、協力隊員への需要が高いことを示している。

　需要が大きいのは、この国の青年海外協力隊員の構成をみても、容易にわかる。
○九年九月現在で、協力隊員の総数が二一人、うち日本語分野五人となっていて一番多い。二番手が看護師の四人、三番手が青少年活動の三人（うち二人は、日本センターで活動）、観光業と服飾が二人ずつ、あとは一人ずつの派遣となっている。

日本語教育をどのように確保していくのか

　ところで、日本語の授業を行なっている大学では、必ず日本人の教員がいることは先に述べたが、これは、裏を返せば、日本人教員がいなければ、日本語授業のすべてをカバーすることができない状態でもある。国際交流基金の派遣の立間智子・日本語専門家は、つぎのように言う。

「大学で日本語を学ぶ人はいても、ウズベキスタン人の日本語教員が育っているかといえば、心もとない。将来的にみても、この国で博士クラスの人で上級の日本語を教えることができる人材を確保することが必要だが、ウクライナなどの近隣国と比べても見劣りがする」

開発屋の目から見れば、まずは、量の確保が必要となる。それは、一定の日本語学習者の増加を見たことから、達成できたと見るべきだろう。もっとも、まだまだ人数をもっと増やしたいとする考え方もあるかもしれない。ただ、専門家によれば、最近は、アジアの言葉では、中国語が人気を集めるようになっており、かつての勢いを保つのは難しいのだそうだ。だから、日本語学習者が減少する、あるいは、日本語が大学の第二外国語から外される、といったことが出てくれば要注意と考えなければならないという。

つぎは、学習者の日本語能力をあげる質の確保をどうするかという点だ。いつまでも初級中級の学習者だけに絞っていては、学習者はいずれ興味を無くしてしまう。これも避けなければならないことだ。専門家の話にあったように、日本としても、博士クラスの指導者が出てくるような配慮が必要ということになる。専門家自身も、このことを憂慮して、上級や教員養成のコースを自ら催し取り組んでいる。基本的には、ウズベキスタンの人のなかから、日本語の強力な指導者が出てくることが重要なのだ。

このことを協力隊員の関連で考えると、彼らは、量的にも質的にも、この国の日本語教育に貢献してきたことになる。しかし、日本語隊員の派遣が未来永劫に続くわけではない。

この項のおわりに、触れておきたい日本語隊員がいる。

タシケント国立東洋学大学付属高校（リツェー）がある。ウズベキスタンでは、高校レベルで日本語を教える唯一の学校だ。八月二七日、夏休みを利用して、このリツェーの学生と日本の大府東高校の学生とで交流会が行なわれた。もちろん、直接会って交流会を行なうにこしたことはないが、何千キロも離れた者同士では、テレビ会議を利用するしかない。

それは、ＪＩＣＡウズベキスタン事務所とＪＩＣＡ中部国際センターの双方のテレビ会議室を使って行なわれた。内容は、一方が他方に学校や国を紹介するものだが、わきあいあいと進んだのを私も見ていた。双方の高校生には、思い出に残る交流会となったにちがいない。そこには、身を粉にして、自らが企画し、ＪＩＣＡとリツェーと大府東高校との連絡にあたり、実際の交流会でも振り付け指導した伊東園子隊員がいた。リツェー学生の頭のなかに日本語を植えつける、ものすごい仕事をする協力隊員だ。こうした活動の積み重ねが、お互いの理解を深める。この人の活躍を言わずして、この項を終われないと思った。

オリガミ・センターの異名

日本語普及のつぎは、日本とウズベキスタンの相互理解の仕事について触れたい。私の頭のなかでは、日本語と相互理解の活動をまとめて、文化交流と呼ぶことにしている。

アジザ職員が他国の文化センターに私を案内してくれたことは、すでに述べた。一緒にセンターを訪問したおかげで、彼女とはいろいろな話ができるようになった。彼女も、センターの現地職員のなかで、日本語をほとんど完全に理解するひとりだ。

彼女は、日本の大学で経済学の修士号を取得している。われらの日本センターでは、日本とウズベキスタンの人たちの相互理解の担当だ。わかりやすく言うと、彼女は、ウズベキスタンの人たちに、習字、お茶、

オリガミ・コンクール

お花、着付け、そのほか日本文化に関するものであれば必要に応じて教えることができる数少ない人材だ。そして、オリガミも得意だ。

「アジザさんは、オリガミの教室をもっているよね。オリガミを習いに来ている人って、どんな人がいるのかな」

「子どもたちがたくさん来ています。親子が一緒に来ていることもあります。お年寄りも結構来ていて、手先を動かすので、老化防止にいいのだという声があります。それから時間つぶしにいいのかもしれません」

オリガミ・コンテストには予選も本選もあるくらいだから、当センターのオリガミ教室は筋金入りだ。やはり、突っ込んで聞かなければならない。

「ウズベキスタンの学校では、オリガミを教えるようなことはしないのですか」

「あるにはあるのですが、日本のオリガミよりはもっと単純です」

「子供たちがオリガミを習うと、どんないいことがあるのでしょう」

「オリガミの作業は、子供たちに潤いを与えます。たった一枚の紙から、いろいろなものができるので、不思議な気持ちにさせられるのです。それから、経済的に成功している日本人の文化ですから、どのような教育が行なわれているのか、それを知りたいという希望がご両親にはあります」

これだけでは、私には抽象的で効用がわからない。それで、同じくオリガミ教室を担当するズライホ職員に話を聞いてみた。彼女には、一年間韓国に留学した経験がある。彼女も経済学の修士号をもつインテリだ。日本語は話せないが、英語で話してくれるので、私にはありがたい。彼女が言う。

「オリガミを習うと、子どもたちの心が落ち着く効果があると思っています。一枚の紙を折ると様々な対称形ができるので、それを子供たちは面白く思っているのではないでしょうか。それから、ウズベキスタンの小中校では、クラブ活動がないのです。日本だとクラブ活動は日常ですが、ウズベキスタンでは、そうではありません」

クラブ活動が行なわれないなんて、おかしい、単に実施すればいいだけの話ではないか、と私は思った。

「放課後にサッカーの練習だって、楽器の演奏だってできるでしょう。そんなにお金がかかるわけではないと思うのだけど」

「日本のようにはうまくいきません。ウズベキスタンの人口は、二〇歳代までで半数以上を占め、学童数がほんとうに多いのです。学校施設が間に合わないことから、午前と午後の二部制授業が普通で、夕方も使う三部制のところもあります。このような学校環境では、クラブ活動の時間などもつことはできないのです。

それから、先生にしても、給料だけでは生活できないので、家庭教師をしています。裕福な家の子供は、家庭教師を子供につけることはできますが、多くの場合そうではありません。

こういったことから、日本センターは、低料金で様々な教室を提供できる施設になっているので、多くの子供たちがやってくるのです」

ズライホ職員の話で様子がかなりわかったような気がした。それでも、私にはまだ、二部制授業の意味が十分にわかっていなかった。

しばらくして、「体験取材!世界の国ぐにウズベキスタン」（二〇〇九年、ポプラ社、二六ページ）という本を偶然に手にすることができたのだが、そこには、小中校の二部制について、次のような主旨の記述がある。

「この国では、日本でいう小中校が一つになっている。それも二部制授業をとっている。たとえば、サマルカンド第二一番校の生徒は一年生から九年生まで一九〇〇人が通う。午前の八時から一二時三〇分までは、一、二年生と八、九年生の授業がある。そして、一三時から一七時三〇分までの間は三年生から七年生までが授業を受ける」

要は、午前の授業に低学年と高学年が、午後は中学年が学校の授業を受けている。

なるほどと思った。日本センターには、午前中から、子供たちがうろうろしている。学校の授業はないのだろうかと疑問に思っていたところだった。これで、午前中のオリガミ教室などで、子供の顔を見かける理由がわかった。

しばらく経って、われらの永田隊員から、「センターのことを別名でオリガミ・センターって言われているんですよ」と聞いた。

発見、日本とヨーロッパの文化活動のちがい

オリガミ・センターという名前を聞いた以上、そのままにしておく手はない。勤務の長いラノ職員に聞いてみた。

「ラノさん、うちのセンターは、オリガミ・センターとも呼ばれているようなのだけど、なぜオリガミがそんなに目立つようになったのかしら」

「以前に来ていた協力隊員が得意としていたのがオリガミでした。アジザがその協力隊員と一緒になって、オリガミのあれを教えよう、これを教えよう、果ては、コンテストまでやろうということになったのです。それだけでは済まず、ふたりは、ウズベク語でオリガミのテキストまで作ってしまったのです」

こういった説明は、日本センターの経緯を知るのにたいへん助かる。

それにしても、ここでも、輝ける協力隊員の活動があったことがわかる。それとアジザ職員の熱意とが一緒になって、オリガミ教育が首都タシケントに広がったのだ。

オリガミ教室にかなり自信をもっているアジザ職員にまた聞いてみようと思った。

ちょうど、日本センター勤務から五年になる彼女は、出産を控えたこの時期に、兄弟親戚の多いカザフスタンの首都アスタナに移り住むのだという。もともと、カザフスタンの人なのだが、生まれ育ったタシケントをこの五月に去るというのだから、思い切った決断だと思う。彼女が日本センターを去るにあたり、私は、彼女の経験をなんとしても聞いておかなければなければならない。

「オリガミを広めるのに、苦労があったと思うのだけど、どうだった」

よくぞ聞いてもらえたという風だった。

日本庭園でのお茶会（向かって右から４人目が永田隊員）

「オリガミを始めた三年前は、『オリガミ』という言葉さえタシケントでは知られていませんでした。オリガミ教室が少しは知られるようになると、今度はタシケント市内の学校に出かけて出前授業をするようにもなりました。最初のころは、電話で学校の先生にオリガミとはなにか話しても、なんのことかさっぱり、わかってもらえませんでした。でも今は、もうそんなことはありません。それくらい知られるようになったと思っています」

それで、〇七年から〇九年の三年間のデータを見せてもらった。たしかに、タシケント市内には小中校が二四〇校もあって、そのうち二七校に出向いている。それだけで、一一パーセントにもなり、しかも同じ学校に何回も呼ばれている。同じくタシケント市内には児童館が二三か所あって、うち、一三か所で出前の教室を行なっている。これだけ実施すると、授業を受ける子供たちの頭のなかには、ニホンとかオリガミといった言葉がきざみこまれているにちがいない。

「日本センターまつり」人間の知恵の輪ゲーム

いつも冷静なアジザ職員が、今回は少し声が高ぶっている。

「ヨネダーさん、聞いてください。日本センターでは、私もできるだけ多くの来館者を取るようにがんばってきました。年間七万四千人といいますが、相互理解の分野だけでも、多いときには来館者の半数にも達していました。私は、オリガミ教室を中心に多くの来館者を惹きつけて来たことも知っておいてもらいたいのです」

そう、そういう本音を待っていたのです、と心のなかで叫んでしまった。

それでも私には、オリガミと来館者数との関係がわからなかった。それで、後になって、永田隊員に聞いてみると、ざっくり言って、八割方がオリガミの教室で占められていたという。だから、アジザ職員には、当時の協力隊員と一緒になって、来館者数をどんどん増やしてきたという自負があるようなのだ。

私は、赴任からこの方、疑問に思うことがあった。

いなくなる彼女に、なんとしても聞いておかなければならない。

「アジザさん、私はどうしてもわからないことがある。他国の文化センターに行って話を聞いていると、それぞれの国の文化を紹介している。われわれの日本センターでも、お茶やお花そのほか、いろいろな教室が行なっている。しかし、ここで考えるのは、いったいなにが相互理解で、どんなことが伝えるべきなのかな、つまり、われらの日本センターには、筋の通った基本路線のようなのができているのかな」

これには、アジザ職員にむつかしすぎる質問だったようで、彼女も黙ってしまった。

私のなかでは、JICAが八か国（後に七か国）で運営を支援している日本センターがあり、それも国ごとに事情がちがっている。だから、各国の日本センターの判断を尊重するというのが本部の考えなのだと理解している。おそらく、それにはまちがいないのだが、それでは、私のように文化交流の新参者には、なにを基本にして日本センターの文化交流を考え運営していくのか、なんらかの示唆が欲しかったのだ。

疑問は疑問を呼ぶ。

日本文化の伝える活動基準がわからないという疑問を投げている私がまたしても、ふと、へんに思うことがあった。

ヨーロッパの国の文化センターと日本の文化センターでは、どうも行き方がちがうのではないか。

他国の文化センターでは、ドイツ語やフランス語などそれぞれの言語を教えることを基本にして、その延長で歴史や文化を教えている。加えて、音楽会、映画会、絵画や写真展などの催しを行なっている。

これに対して、われらの日本センターでは、習字、オリガミ、お花、お茶、着付け、といった通常の教室がある。もちろん、音楽会、映画会などを行なっているし、写真やオリガミのコンクールも年中の行事として定着している。永田隊員にいたっては、四季折々に、節分にちなんだもの（箸で豆をつまんで容器から容器に早く移す競争など）、七夕にちなんだもの（星に願いを込めて作る工作コンクール）等々、つぎつぎにウズベキスタンの子供たちを集めては教室を行なっている。感心するくらいだ。

はたと考えてみた。これら教室の特徴は、どうも手足や体を使ってなんらかの動作をしたり、モノをつくったりすることではないか。すべてが目に見えるものではないか。ところが、西欧の文化活動は、文学や歴史を学ぶというように、頭のなかの作業となっている。スタッフの何人かに他の文化センターの活動について聞いても、そうだといい、まちがいがなさそうだ。こうしたことから、文化交流やそれに伴う活動が東洋的日本的なもの、西欧的なものがそれぞれあるように私には思えてきた。

西欧と日本の文化活動のちがいは、そんなものですよと、多くの読者は思っているかもしれない。それでも、私には大発見だから、かまわない。それに、こうしたちがいを踏まえて、日本の文化交流のありかたを考えるきっかけになるのではないか。たとえば、日本センターでは、歴史や文学を教えることは、あまりやっていない。そうすると、どうだろう、もっと歴史や文学を教える教室を行なってもいいのかもしれない、いやいや、十分な日本語の力が育っていない途上国では、却ってこうした体をつかったり、作品を作ったりする方が合っているのかもしれない、というように運営の方向性を考えることができる。

西欧の文化センターとのちがいがはっきりしてくるなかで、インド文化センターは、日本の文化センターに似ているところがある。伝統的なカッタル・ダンスやヨガの教室は、体を使う。しかし、日本のように多くの種類の教室にはなっていない。

こうしてみると、ＪＩＣＡプロジェクトに、意識的、無意識的を問わず、そうした文化活動を取り込むようになっている。途上国援助に長く携わった私には、これもＪＩＣＡ事業の進化のひとつだと思えてならない。

成功のギター演奏会

四月から五月にかけては、明け方ほとんど毎日のように雨がしとしと降った。タシケントに生まれ育った職員からは、「一年の今頃は、雨が降らないのが普通なのに、今年は、ほんとうによく雨が降るわね」という声を耳にした。それでも、緑が日に日に濃くなり、昼間は暖かい春を感じることができる。

四月二五日（土）の午後のことだった。

日本センターの入居するビルのなかにあるホールで、「国際友好コンサート、日本のクラッシック・ギター」が始まろうとしていた。

そこでは、スタッフは、演奏会のプログラムやポスター作り、会場の確保、関係先への招待状の送付等々、催しに関連する一連の準備を何か月もかかって抜かりなく進めてきた。

ところで、私はスタッフから、「演奏会の当日は、演奏の始まる時間よりも三〇分前に来てください」と言われていた。当日、その言葉にしたがって、私も会場入りしたのだが、行ってみると、私の思っていたよりも会場が大きい。そのときは、これだけ大きいと空席がでるだろうと踏んでいたのだが、しばらくして開場するとみるみるうちに聴衆でいっぱいになった。私がタシケントに来てから、これだけの人の集まる催しは初めてのことで嬉しく思うものの、これは大掛かりの演奏会になるかもしれないと意表を突かれたような気分になっていた。

もっといえば、演奏会の準備には、私はほとんどかかわらず、すべてをスタッフに任せていた。プログラムも当日の会場でしか目にすることはないくらい、私はなにもしていなかった。それも、直前に、「今日のプログラムです」とあっただけで、なんの説明もなく渡されただけだった。もちろん、あいさつ文を自分で用意したくらいだから、ある程度は、どんな催しかはわかっているはずだった。

スタッフに聞いた。

「今日は、どれくらいの人たちが来ているの」

「およそ一五〇人だと思います。椅子の数が埋まっているので、それくらいだと思います」

見たところ、三分の一の五〇人ほどは在留の日本人だった。あとの一〇〇人ほどは、日本センターの催しと聞いてやってきたタシケント市民だ。このなかには、フランスの文化センターそのほかの同業者の顔も見えて、ああ、聴きに来てくれたのだと思った。

しかし、当日になってからでないと、それも私から求めないと動員数を教えてくれない。見込みの数だって事前に教えてくれたわけではなかった。

いったい、スタッフは、どうなっているんだ、と思った。彼らは、イベントには慣れているのに、事前にそのアウトラインを私に説明にこない。

もっとも、日本ではないので、これくらいのことはあるだろうと、私は覚悟していた。それくらいの気持ちでないと、こうした外国でのプロジェクトではやっていけない。まあ、やってきたばかりの新米所長だから、あまり気にしてくれていないのかな、とあきらめたりもしていた。

開演の時間が来て、司会が始まった。

あれ、ラノ職員だけではなくて、ディルムラッド職員も一緒に司会者として壇上にいるではないか。ディルムラッドは、われら日本センターのビジネス班の職員だ。どうやら総務班だけでなく、ビジネス班も巻き込む体制になっている。司会は、ラノが日本語とロシア語で始め、ディルムラッドが英語で続けるものだから、これは大がかりになっていると私も内心驚いていた。ふたりが三つの言語で私の登壇をうながす。

「それでは、まず、日本センターのヨネダ所長より、あいさつをお願いします」

思いもよらない形で始まったコンサートだったが、一番大事なのは出し物の中身がいいかどうかだ。その後の演奏はすべて順調に進んでいった。キタローの「シルクロード」は、クラッシック・ギターとドゥタールの共演、そのほかは、「アルルの女」、「アルハンブラ」等は日本のギタリストの演奏で進んでいった。

途中、ギター協会の理事があいさつをする。

「ギターは、西洋の楽器ですが、それでも、日本に入ってきて、日本で育った音楽なのです。本日は、それを演奏します」

私は、開発援助一色で来た人間である。文化的素養のまったくない人間だが、こうして日本人の演奏家がかかわるような仕事をすることに、少し興奮していた。さっそく翌日には、演奏会の催しについて、写真付きで本部の担当部長に報告のメールを入れた。それくらい私は、この催しの成功を喜んでいた。

後日、私はスタッフのひとりに聞いた。

「ギター演奏会、お疲れ様でした。こんなに大がかりな演奏会は、日本センターでは、よく開かれるのかな。僕は、そんなに多くはないと思うし、それだけに、動員数も内容もよかった、成功だったと思う」

かえってきた言葉が「いや、このくらいの催しは、よく開きますよ」だった。まだ経験の少ない私に、そう言いたかったのかもしれない。

その後の催しで、私は、いろいろなところで、あいさつのスピーチを何度となくさせてもらっているが、この規模の催しをしたことがない。唯一の例外は、二五〇人もの参加者を集めた盆踊り大会だけだった。なーんだ、催しに慣れているということはあるけれども、さすがにこれだけのものを催すとなると、そうかんたんではないのだ、と思うようになっていた。

スタッフが事前に報告に来ようにも、自分たちの準備でそれどころではなかったのだ。そういえば、セミナー室では、スタッフの何人かが集まって、練習していたし、練習中に手にもっていた原稿は、司会がもっていた進行の台詞だということも、あとで気がついた。日本センターは、こんなすばらしい催しができる団体なのだ。

私は、ここでも、スタッフの皆さんに感謝しなければならないと思った。

市民と市民のふれあい

もう少し、ギター演奏会のエピソードを続けたい。

私は、演奏会の冒頭であいさつをした。

多くの人たちに足を運んでいただいたこと、日本ギター協会の人たちのご好意で実現にこぎつけたこと、そして日本センター・スタッフへの感謝も述べた。ここまでは、シナリオ通りなのだが、会場を見渡していて、おっと、これはまずいと思い、その場で付け加えたことがふたつあった。

ひとつは、ドゥタール奏者のローザ先生に謝意を述べることだ。

彼女には、日頃、日本センターのドゥタール教室の先生をお願いしている。ドゥタールは、中央アジア伝統の二弦楽器だ。このギター演奏会では、その彼女にも演奏をお願いし、また、ドゥタール教室に通ってくる生徒七人（多くは在留日本人）にも登場願った。演奏会では、ギターとドゥタールのコラボも行なわれようとしていた。ローザ先生には、このような演奏を快く引きうけていただいたことから、そのお礼は、あいさつのなかではなくてはならないものだったのだ。

ちなみに、コラボ演奏なんて普通のことだし、ウズベキスタンでやるのだから、別に不思議でもなんでもない、とかんたんに考えてしまうむきもあると思う。しかし、われわれ日本センターには、とても大事なことだと考え、実行している。どういうことかというと、われわれ日本センターの催しには、できるだけ多くのウズベキスタンの人が参加するように心がけている。理由は、日本センターがウズベキスタンとの共同プロジェクトということもあるが、日本の演奏を一方的に聞いてもらうよりも、双方の演奏で一緒に盛り上がるにこしたことはない。そして、なによりもそのなかで、日本とウズベキスタンの人同士のふれあいを期待しているからだ。

冒頭のあいさつでは、もうひとつ感謝する言葉を忘れなかった。

演奏会の始まる前から、椅子の並べ替えなどで準備をしているある日本人の姿を見ていたからだ。

「本日の演奏会にもっとも尽力していただいた人がいます。山本さんご夫妻を紹介いたします（聴衆の拍手に促され、ご夫妻も立ちあがって会釈）。日本のギター連盟とわれわれの日本センターとの間に入って、周到に本日のコンサートを準備してこられました。ご夫妻のご尽力がなければ、この演奏会は実現しませんでした。

心より感謝申し上げます」

山本氏は、タシケントの商工会議所でシニア・ボランティアとして、ウズベキスタンの産業振興に尽くされている。その彼から、このシルクロードでの演奏会の提案があり、実現の運びとなっている。私の知る限りでは、年の初めころからセンター・スタッフとの打ち合わせが始まっていた。奥さまも、日本国内でギター協会と連絡をするなど取りまとめ役として奔走されていたことも知っている。演奏会でもなんでも、それぞれの催しには、出演する人、それらを裏方で支える人等々、多くの人の動きで形になって行く。

コンサートが終わったところで、ラノ職員が私に「山本ご夫妻の紹介は、とてもよかったと思いますよ」と言ってくれた。

たしかに、功労者の山本シニア・ボランティアご夫妻への感謝はなくてはならないものなのだが、ここで私が言いたいことがもう少しある。つまり、われらの日本センターでは、こうした催しには、日本人から、またウズベキスタンの人から話が持ち込まれて、多くの企画が実現していくということを言いたいのだ。ときには、たとえば人形劇のできる日本人に会えば、日本センターから、それをお願いしたこともある。タシケントという一〇〇名ほどの小さな日本人社会のなかで、ぜひお茶やお花を教えたいという人がおられれば、それもお願いしている。ただし、もちろん、それなりの背景のある人でないと、お願いすることはできないことはいうまでもないが。

このような双方向の関連から、私はここではタシケントの日本センターならではの発見を述べておきたい。

それは、ウズベキスタンが日本から多くの観光客を集める観光地と関係している。日本ではあまり知られていない国となっているものの、ウズベキスタンには知る人ぞ知る観光地があり、それもユネスコの世界遺産になっている。この地はシルクロードを形成していた地域であり、サマルカンドにはイスラム文化の粋を集めたレギスタン広場、ブハラには中世の要塞アルク城、ヒバには中世がそのまま残されている城壁都市、といった具合だ（表紙カバーの写真参照）。それらを見に来る日本からの観光客は毎年六千人を下らない。

観光客のうちたとえば、ぜひこの地でギターを演奏してみたい、日本の藍染めを教えてみたい、日本のヒョットコ踊りを披露したい、といった人たちがいる。観光旅行の機会に日本の文化を喜んで披露いただけることから、たんなる観光だけでなく、人と人とのふれあいが可能となる。もし、この地域に世界遺産がなかったとしたら、こんなに多くの日本人観光客を集めることはできないし、この国の人たちとのふれあいの機会も多くはなかったにちがいない。そして、そこには、ふれあいを促進する日本センターの大きな役割があるのではないか。それを別の言葉で言えば、日本センターには、どうも文化交流の「場」を積極的に提供することが求められているのではないか。

実は、この「場」は、ある日本人夫人に教えてもらったもので、「場」があるから人が集まって来るという説明だ。そこには、日本の文化を教えたい、日本で習ったものをぜひウズベキスタンの人に伝えたいという日本人ボランティアがおられ、これを受けて日本センターが、それらを企画し、教室を開くことになる。他方では、ウズベキスタンの人で、そうした日本文化に触れてみたい、ローザ先生のようにこの国の文化を日本の人に伝えたい、と思われる人がおられる。そうした場合の場所すなわち「場」を提供するのが日本センターの役割のひとつだと考えることができる。この「場」では、日本もウズベキスタンも、役所の人も市井の庶民も、老いも若きも、男も女も、みんなが参加する文化交流の活動が進んでいる。

演奏会の翌日の朝のことだ。この日も春の陽がまぶしい。タシケントはオアシスの町だけあって、小さな川でも水が豊富に流れる。町の真ん中に田園風景を思わせるすばらしい景色のところがある。川の両側は緑で覆われていて、その片側には小ぎれいなホテル一軒が建っている。ホテルの入り口を入り、階段を降りるとホールが広がっていた。内装が木づくりのホールは、楽器演奏にはぴったりだ。

春の小川を窓越しに、日本センターのスタッフや関係者一〇人あまりがギターの演奏に聴き入っている。日本からのギター演奏家が謝恩にとわれわれを招待してくれたのだ。少人数で、日本で一流のギタリストの演奏を聴けるのだから、ぜいたくな気分になる。それだけではない。ローザ先生の演奏も加わる。日本センターのスタッフにとっても、一生懸命に取り組んできた仕事が報われたと思ったにちがいない。

これも市民と市民のふれあいだと思う。

第4章　ビジネス人材の需要に応える

成果を報告せよ

話は少しもどって二月。

日本センターは、これまで触れてきたように、日本文化という広いテーマの下に活動している。そして、多くの催し物や教室が並行してあり、それらの対応で毎日が進んでいく。

私の着任から一か月が経過していた。とりあえずの報告を行なうのが大事だと思い、私の派遣元であるＪＩＣＡ本部の担当部長に報告を行なった。ここでは、例の七万四千人にものぼる来館者数にもなっていることがすばらしいと報告し、そして付け加えた。

「日本センターの仕事は、放っておいても動いているので感心しています。よくここまで来たものです」

いまどきの報告はメールなので、一瞬にして本部に着いてしまう。そして、折り返すように、担当部長からメールが届く。

「放っておいても動いているというのは、日本人なしの現地スタッフだけで運営できるという理解でいいのでしょうか。また、事業成果については、いま少しよくわかりません。八年間もやってきたわけですから、あちこち具体的な成果が現われているものと思います。その実例を報告してください」

部長の頭のなかにあるのは、どちらかといえば、日本語教育や文化教室のことではない。明らかに、ＪＩＣＡの技術協力の中心であるビジネス学院の成果であり、実例である。

私は、しまったと思った。

もちろん、放っておいても動くと言ったのは、四人の現地の職員がビジネス学院を確実に動かしていたから、それにまちがいはない。コースの日程、参加者募集から選考、講師の手配、テスト結果の集計、修了証書の作成、卒業式の実施、優秀者の日本研修送り出し等々、ビジネス学院の運営にはまったく問題がない。

しかし、援助プロジェクトの成果を明らかにすることまでは、現地スタッフに求められていたわけではない。もちろん、日本の援助プロジェクトなので、その成果をだれにでも説明できるようにしておくことが大事で、それはＪＩＣＡ、そして私のようなプロジェクト・リーダーにも求められていると考えていいと思う。たしかに、活動の一般情報については、ＪＩＣＡのホームページには掲載されている。しかし、それにしても、部長の言う「あちこち具体的な成果」が出ている中身とはいったいなんなのだろうか。

援助プロジェクトは多様だが、このプロジェクトは、なかでも、いわゆる「人づくり」、そして、そのなかでも「ビジネス分野の人材育成」となっている。では、ウズベキスタンにおけるビジネス人材の育成はどのようにジャスティファイ（正当化）されるのだろうか。

プロジェクトの調査課題を考えてみた。

それは、身につける内容は流行のＭＢＡと同じようなものなのか、そうでないのか、同じとすれば、そのような人材育成は必要なのか、同じでないとすれば、どんなものなのか、一年でどれくらいの人数で育成することが求められるのか、その人数がこの国の人材養成需要からみて適当なのかどうか、同じような教育機関はほかにあるのか、それらとの棲み分けはできているのか、そうしたビジネス人材の供給を受けるウズベキスタン社会にどんな好影響を与えるのか、商売上手のビジネス人材を育てるにしても彼らは大企業ならばどうなのか。中小企業ならばどうなのか、そのためには、教える科目が適当なのか、先生はどこから連れてくるのか、そうした教育活動はウズベキスタンのためになるのか、あるいは、それは日本のためにもなるのかどうか等々。

このように開発実務では、計画、実施そして評価の各段階で多くの疑問が提起され、それらにひとつひとつ答える地道な作業が常に求められ、そのうえで全体としても必要なプロジェクトなのかどうかが同じく常に問われる。とはいえ、こうした調査や評価は、開発のだいご味ともいえるものだ。

私は、まだ着任したばかり、これだけ長く続いてきたわれらの日本センター・プロジェクトの成果を報告するのはそうかんたんなことではない。考えてみれば、それまで十年近く活動していて、その成果が本部でも必ずしも理解されていそうにない。もちろん、本部は、それこそ一〇〇か国以上の数百の援助プロジェクトを実施しているので、個別のプロジェクトにばかりかかわっていられないことはわかる。それに、担当部長にしても就任から数か月なので様子がわからないということもあると思う。私は、その本部の部長に理解してもらわなければならないところから始めるのだから、これはたいへんなプロジェクトにきてしまった、と思った。

もちろん、私は、メールで連絡した。

「しばらく、お待ちください。調査のうえ、報告します」

ビジネスのPMPコースとは

それではここで、ウズベキスタン日本センターのビジネス本科であるPMPコースとはなにかを説明しておこう。コースは、プロフェッショナル・マネジメント・プログラム（Professional Management Program）というのが正式な名称で、その頭文字を採ってPMPコースと呼んでいる。

これを手短かに言えば、ビジネス人材を育てて、社会に送り出すプロジェクトということになる。人材育成なので、一次的な成果は、この毎年一四〇人の卒業生を出すことだ。

もう少し細かく見ていくことにする。

まず、ＰＭＰコースの受講期間は五か月となっている。昼間と夕方の二コースが実施されるが、これが年二回組まれるので年間計四クラス、そして受講生が一クラスあたり三五人で、合計が四倍のおよそ一四〇人となる。コースが終わると、卒業生に卒業証書が授与される。私は、ビジネス・コースについて対外的には、「日本センターではビジネス学院を運営しています、その内容はミニＭＢＡです」とかんたんに説明している。ＭＢＡならば、コース修了に一年も二年もかかるところが、それよりも短いコースとなっているからだ。

それでは、学習内容は、どうなっているのだろうか。

科目は「ビジネス・プラン」の作り方、日本の「マーケティング」や「損益分析法」、「人材マネジメント」などがある。また、それらは、日本の中小企業診断士の試験科目に似ているから、日本のビジネス教育を基礎にしている。この点、国際協力を志す若い人の間には往々にして、途上国との関係ばかりが前面に出ていて、国際協力の半分が日本国内の仕事だということがあまり知られていない。これはどういうことかというと、関連事業について日本国内の事情をある程度わかっていることが求められ、開発途上国を支援する一心だけでは務まらないことを意味している。

だれが教えるのか。

いまや、ローカルの講師が六割もの授業を実施する。残りの四割は日本からの講師が行なっていて、五人の先生が各一週間の出張ベースで対応している。この日本人講師の数は今後、財政難のあるなしにかかわらずじょじょに減らして現地化を進めることになっている。ただ、日本センターである以上、日本型のビジネス教育を行なうので日本人講師がゼロになることは望ましくない。指導にあたる日本人講師は、日本の大手企業のマーケティング部門などを経験されているので、実戦的な内容の授業となっている。なお、日本人講師が行なう授業の使用言語は、日本語ないし英語で、それが通訳者によりロシア語に通訳される。

それでは、どのような人が参加するのか。

コースは結構人気があって、急速な経済発展を果たした日本のビジネス経験を勉強したいと思う人が増えている。入学してくる人の平均年齢は三〇歳前後だが、大学卒業後社会に出て、数年から一〇年以上にもなる働き盛りの参加者ばかりだ。それだけにどの授業でも参加者の顔は真剣そのものだ。ＰＭＰコースに入学を希望する人には入学試験が課される。試験では、数学の知識やビジネス経験が問われ、面接でも徹底的に質問され、選抜される。

こうして実施されるＰＭＰコースは、二〇〇九年で九年目に入り、翌年には一〇年目を迎えようとしている。

卒業生は大手企業に就職しているのか

コース概要を紹介した限りでは、なんの問題もなく、順調なプロジェクト運営のように見える。しかし、開発を志す人は、このような説明で「はいそうですか。いいプロジェクトですね」とは言ってはいけない。果たして、ほんとうに成果が出ているのか、疑ってかかる必要がある。そこで、ビジネス・コースの担当の現地スタッフ四名に質問するのだが、彼らは運営事務を行なっているだけなので、きちんとした答えが返って来ない。

申し遅れたのだが、現地スタッフにＰＭＰコースを運営指導する役割の日本人専門家が配置されている。そこで私は、この日本人専門家のＯ氏に質問しなければならない。なお、彼の所属するコンサルタント会社が、ビジネス学院の運営管理と日本人講師五人を派遣している。Ｏ氏は、その運営管理の専門家のひとりだ。

ついでに説明しておかなければならないのだが、ＪＩＣＡは、実施機関として支援するプロジェクトの運営について、民間活動で言えば商社のような総合的な調整を行なう。ＪＩＣＡスタッフは、援助プロジェクトの誕生から終了まで、ヒト、モノ、カネそして情報を適切に動員することが求められる。つまり、ＪＩＣＡスタッフは通常、プロジェクトの中身にあたる技術移転は行なわず、プロジェクトの必要性、効果や成果を見据え、先方政府とも交渉するなど、いわば援助プロジェクトの枠組みつくりを担っている。援助関係者はこのことをロジスティックス（兵站術）、あるいはロジと呼んでいる。このこともあって、プロジェクトの中身である技術の移転は、コンサルタントのような民間企業にお願いしている。援助関係者は、このような中身の活動をサブスタンス、あるいはサブと呼んでいる。

もっとも、説明をわかりやすくするためにサブとロジを説明したのだが、ＪＩＣＡ職員も分野の知識はかなりあるので、サブの知識がまったくないということではない。

さて、私が当地にやってきて間もない、一月初旬のころのことだ。

「Ｏさん、私は、ＰＭＰコースの卒業生がどのようなところで活躍しているのか知りたいと思っています。卒業生が大手企業で働いているのであれば、ウズベキスタンの社会に大きな貢献をしていると考えられます。それで、当国の大手一〇〇社（トップ・ハンドレッド）で、うちの卒業生がどれくらい働いているのか教えてほしいのですが。もちろん、わからないことがあれば、その都度聞いてください」

同窓会参加者の実施する、熱気あふれるテーマ別ビジネス・セミナー(P154参照)

O氏が言う。

「必要な基礎情報は、現地スタッフのグルノラ主任が持っています。整理させますので、時間をください」

このやりとりからすれば、すべてのデータや資料はあるにはあるのだが、整理する時間がないということのようだ。私の方も、すぐにではなくても、いずれ整理された資料が出てくるだろうと、少し待つことにした。しかし、とくに目立った動きがなく、時間だけがどんどん過ぎていく。

その後の二月の初めには、私から担当部長に「本部に報告します」と約束してしまったので、プロジェクト成果の一つに有望な「大手一〇〇社への就職状況」がどうしても必要になる。私の人づくりプロジェクトの経験から、大手一〇〇社への就職状況をみれば、確実に社会インパクトを与えていることが証明できると私は考えていた。大手一〇〇社に卒業生が何人いるのか、これほど人気のあるPMPコースなのだから、きっと多いはずだ。

そして、同じ二月初旬、O専門家から市橋専門家に交代。二人は、入れ替わり立ち替わり、出張ベースでウズベキスタンにやってくる態勢をとっている。そして、気まじめな市橋氏は、データ整理を担当するローカル・スタッフに何度も何度も催促するのだが、とにかく肝心のグルノラは火の車、データ整理どころではなさそうなのだ。もっとも、私から市橋氏には、もう一方で当国のマクロ・データの整理をお願いしており、そちらの方は少しずつ進んでいる。私の方はむしろ、このころ先の章で述べたように、私は各国文化センターを訪問し、情報集めに忙しい日々を送っていた。しかし、私がときおり催促をするのに対し、彼は、つぎのようにしか言いようがないこともわかっていた。

「グルノラ主任は、今忙しいのでデータを整理する時間がないと言っています。少し待ってください」

この時期、スタッフは、四月から始まる次期コースの募集説明会などで多忙な日々を送っている。だから、データの整理まで行なうのはたいへんなことはわかるが、私にしてみれば、なんとしても集めてほしい。そうでないと、私は本部に報告することができない。データがないのであれば、別の方法を考えなければならない。とにかく、オウム返しのように、市橋氏にデータ整理お願いしていた。

ターゲットは中小企業

二月も過ぎて三月になった。市橋氏から、こんな質問がきた。

「あのう、ローカル・スタッフと一緒になっていろいろ調べようとしているのですが、上位一〇〇社とは、どんな企業でしょうか」

やっと、この質問が出てきた。日本でも上位一〇〇社といっても、なんのことかわからない。トップ・ハンドレッドの意味をわからないで、「いや、データがありますので、あとは整理するだけなのです」と言い続けて二か月以上が経過していた。やっと質問が出てきたということは、これから整理作業にとりかかるということだ。私は言う。

「この国には、会社四季報みたいなものはありませんね。それに株式市場も事実上動いていないし、どんな銘柄があるのかもわからない。それでも、電気やガスといった会社があるはずですね。エネルギー資源関係の会社は、国有だとも聞いているので、そうした会社も入ってくるはずです。それに、スーパーマーケットなど、目立った会社があるはずです。それから、ここは途上国のひとつですから、独断と偏見でそうした会社名を拾っていくしかないでしょう」

読者の方からは、また、とくに若い人たちからは、「独断と偏見で会社名を拾う」という乱暴なやり方にびっくりされるかもしれない。しかし、先進国の日米欧では株式市場への会社上場が普通にできることが、こうした開発途上の国では、普通のことではない。それから、「乱暴」と言う言葉を使ったが、有名な某国際機関ですら、先進国は別として、ほとんど情報のない途上国のGNPを測るのに、いくつかの一定地域の人口と彼らの所得をもとに推計していると聞いたことがある。もちろん、そのことだけでも調査作業はたいへんだと思うのだが、私は、ワシントン滞在中にこの国際機関の職員から、これを聞いて、目からうろこが落ちるような気持ちになったものだ。

数日が経って、市橋氏が私の部屋にやってきて、すまなさそうに、こう言う。

「われわれのPMPコース卒業生は、食品会社のネッスルにいるくらいで、ほとんどは大企業にはいません」

私からは、声が出なかった。

おいおい、この国で何年もＰＭＰコースを運営してきたのでしょう、卒業生のいるところが大手なのか、中小企業なのかわからないでいたとは、いったいどういうことなんですか、しかも、言い続けて二か月以上が経過している。もっといえば、私は赴任前の本部で準備しているときも、Ｏ氏と市橋氏にもお願いしていた、それからだともう三か月にもなる、そして、その結果が卒業生のほとんどが大手に勤めていない。私は大きい声で怒鳴りたい気持ちだった。考えてみれば、関係者は大手企業に卒業生がいないということを知らないでＰＭＰコースを運営していたことになる。これでは、本部だって、成果が上がっているのかどうか知るすべがないのではないか。

そこは頭脳明晰な市橋氏、淡々と続ける。

「所長、われわれのＰＭＰコースは、もともと中小企業の人材を育てることを目的として活動してきたのであって、大手企業向けの人材育成を目指したものではありません。それも、起業する人材を多く輩出することを目的にしていました。ですから、入学してくる人も卒業して行く人も多くは中小企業にしかいないのです」

プロジェクト活動の主任、Ｏ氏にしても、市橋氏にしても、よくよく考えれば、何度もタシケントにはやってくるけれども、長期滞在ではない。この点では、この社会を理解するにはどうしても時間が足りない。それこそ、日常生起する、ビジネス学院の運営で手がいっぱいなのだ。とくに旧ソ連の一部という地域では、今なおソ連の時代のシステムを引きずるところがあるし、それだけに西側諸国の日常の感覚を超える部分が多くある。途上国開発に長くかかわってきた私にしても、日々多くの戸惑いを感じながら、少しずつ理解を進めているのが現状なのだ。市橋氏が続ける。

「それでも朗報があります。驚いたのですが、この国には「中小企業のトップ一〇〇」という、毎年発行される雑誌のあることがわかってきました。このなかには多くの卒業生が勤めていますし、卒業生である社長も何人か載っていることもわかってきました。もちろん、どういう基準のトップの中小企業かわからないのですが」

ここにきて、中小企業の人材育成がわれらビジネス学院の仕事だということがわかったのが面白い。ありていにいえば、思惑の外れたデータ取りの結末だった。たしかに、プロジェクトが始まったころのペーパーには、市場経済への移行を促進するのに、起業家を育てることが目標とされている。ただ、それでも、大企業に勤める人をターゲット（対象）から外してはいない。また、後述のように（6章）、大手ビール会社のカールズバーグに勤める若者もいるので、事実としてもまったく大企業の人たちが排除されているのでもない。近年ではビジネス学院の評判を聞きつけて勉強にくる、製薬会社の技術系社員や、異色だが現役のお医者さんまでもいる。

そうだったのか、当国で大手企業といえば、国営ないしは国が多くの株式を所有している。そういえば、私が来て間もない一月二八日に、政府主催のビジネス・フォーラムがあった。そこでは、政府は、民営化に努力しており、政府所有株式を売却できるような対応をとっている、ぜひ外国企業や一般の人の購入をお願いしたい、詳細は、関係ウエブサイトを見てほしい、と言っていた。フォーラムの説明では、どのような会社があるのか例示があり、なかには、私も泊まったことのあるデデマン・ホテルも含まれている。なるほど、この国の政府は多くの有名企業を傘下に収めているようなのだ。また、海外からの投資を呼び込むためにも、株式を放出するなど一生懸命、民営化に努力しているということがわかってきた。こうしたことから、民営化の努力はあるにしても、まだまだ、ソ連の時代のような政府主導の経営が残っているとの思いを深くした。

卒業生を調べていると、大手企業に就職していなくても、中小企業で活躍していることがわかってきた。活躍している人は社長や中堅の管理職のポストについていて、卒業生のおよそ七〇パーセントがそうした人たちだということもわかってきた。

それから、卒業したから就職するというケースもあるだが、むしろ中小企業に勤めながらＰＭＰコースで勉強し、卒業後も同じ会社で働いているケースが大半ということもわかってきた。

社長は卒業生

つぎに、プロジェクトの定性的な成果を知りたいと思った。

データの取り方には、それなりの工夫が必要なのだが、それだけで、プロジェクトを評価することはできない。国全体だとか分野別といった大きな視野からデータ収集を行なうことは不可欠だが、同時にそれら数字の意味を理解するためには、活動現場でいろいろな意見を聴きとる作業が必要となる。データ収集が定量的な証明活動だとすれば、現場の人たちの生の声に耳を傾けるインタビューは定性的な証明活動だ。援助実務者は、データ収集の一方で聞き取り調査を行なうのだから、日常のルーティーン仕事で終わるわけにはいかない。そして、援助の実務家は、聞き上手でなければならない。もっとも私は聞き上手ではないが、仕事である以上、避けて通れない。

二月二七日、卒業生の一人が来てくれた。市橋氏に同席願った。

「ヌルディンさん、お忙しいなか、日本センターにお越しいただき、ありがとうございます」

彼は、言うまでもなく、ビジネス・コースの卒業生で、成功者の一人だ。別に呼びつけたわけではなく、私はお願いしている方の人間だから出かけていくつもりだった。しかし、日本センターに行く方が都合がいいと言って来てくれたのだ。彼とは英語でやりとりができるので助かる。

「どんな会社を経営されているのですか」

「会社名はN社と言います。携帯電話の会社に天気予報や飛行機のフライト情報を提供している会社と思っていただくのがいいと思います。提供できるサービスは、四七項目に及んでいて、書き込みのチャットもできるようになっています。今では、一日のアクセスが一万五千件にも上っています」

「情報提供は、携帯電話の会社が提供するのだと私は思っていたのですが、どうもちがうようですね。そういった情報提供の会社がべつにあって、そこがサービスを行なっていることを初めて知りました。そうした情報提供の会社は、この国では何社くらいあるのですか」

「情報サービスの同業者は、ウズベキスタンには五社あります」

「ヌルディンさんの会社は、五社のうち何番手ですか」

「月によって異なったりすると思いますが、三番手だと思っています」

「そうすると、今度は情報サービスを受ける携帯電話会社があると思うのですが、これはたくさんあるのですか」

「いくつかの携帯電話会社があると思いますが、私の会社が情報サービスを供給している携帯電話会社は四社です」

ここではインタビューをかんたんに再現しているが、実は、業界の取引慣行を知らないで聞き出すのだから、汗をかきながらのインタビューだ。

「ヌルディン社長、私は、聞いていて、どうもわからないのですが、情報を提供するにしても、どんな場面で収入が発生するのですか。情報を提供するだけで、携帯会社から支払いを受けることになるのでしょうか」

「そうですね、たとえば、モバイル利用の個人が『この時間のブハラ地方の天気はどうなっているの』と携帯電話でアクセスすると、この場面で、利用料が発生します。われわれ携帯利用者は、電話代がかかっている程度にしか認識していないのですが、実際の利用料の取り分は、携帯電話会社とわがN社との間で、たとえば五〇パーセントずつのようにあらかじめ合意されています。ですから、アクセス件数が多ければ多いほど、またアクセス時間が長ければ長いほど売り上げが大きくなります」

援助の仕事は、このようにビジネス人材の育成という抽象的なイメージから、数ある業界の具体的な取引実態にまで首を突っ込まなければならないのが、しんどい。

「ところで、N社の従業員は何人ですか」

「一〇人です」

「まだまだ、会社を大きくしてほしいですね。それで、今日は、起業に成功したPMPコース卒業生のお話を聞いています。お年は三八歳と聞いていますが、大学での専攻は何でしたか」

「タシケント大の工学部で電気通信を勉強し、その後トルコの大学で同じく通信分野の工学修士をとって帰国しました」

「その後は、どこかの会社でお勤めになったのですか」

「帰国直後は、スリランカ系のお茶の会社で三年ほど勤めて、それから先ほどの携帯電話会社に一〇年勤めました。学部も修士も、それに携帯電話の会社勤務も通信分野でしたので、この分野が私にはあっているのかもしれません」

「会社員としての勤務は順調でしたね。なぜ、日本センターのＰＭＰコースに入ったのですか」

「携帯電話の会社では、販売部長をしていました。そのときは、もう一〇年にもなるので、ビジネスの研修が必要と感じていました。それで、大統領ビジネス・アカデミーに話を聞きに行くと、日本センターのＰＭＰコースを勧められたのです」

「それで、入学してみて、今度は電気通信の分野ではなく、ビジネスの分野ですから、勉強はたいへんだったのではありませんか」

「夕方のコースで、自分でもよく勉強したと思います。大学のときには二割も授業に出席しませんでしたが、ＰＭＰコースでは、やむなく出張が入ったときに、ほんの二〜三回休んだだけ、あとは全部出席しました」

「どんな科目が面白く思いましたか」

「ビジネス・プランの演習がよかった。私は演習で、一五枚ほどのパワーポイントを作って報告しました。クラスでも一番の評価を受けました。イリーナ先生、それからソフィア先生は、よく教えてくれましたね」

ウズベキスタンの先生がよかったというのは、ありがたい話だ。先生を育てるのも、人づくりプロジェクトの成果のひとつだ。そして、いまや、すでに述べたように講義の六割は、現地の講師にお願いできる体制になっている。

「それで、日本人の講師はいかがでしたか」

「パナソニック出身の戸田先生の『マーケティング』がよかった。それから卒業してから受けた資生堂出身の藤田先生の『マーケティング』もよかった。大学では実践面の指導がないので、あまり参考にならないが、日本センターのＰＭＰコースは実践的で、とても勉強になる」

ヌルディン氏は、卒業してからの講義についても話している。実はＰＭＰコースを終えた後も、上級コースないしは卒業者へのフォローアップのために、日本センターでは、年間を通じて特別セミナーを何回か実施していて、これも人気が高い。

「最後に、ＰＭＰコースを受ける前と後では、変化はありましたか」

「ＰＭＰコースに入学するときには、ビジネスのことなら、ある程度わかっていると思っていました。他方、新しい考え方を身につけたいと思って参加しました。ところが、参加してみてわかったことは、個々のビジネスの方法については、わかっていても、その全体像がわかっていなかったことです。ビジネス・コースが終わると、あたかも個々のパーツのはめ込みを終え、ジグソーパズルが完成したように全体像がはっきりした気分になったものです。抽象的ですが、講義を通じて自分のなかでなにもかも変わっていくのを感じていました」

小さな体の大きな指導者

ＰＭＰコースを運営していることから、もうひとり卒業生を紹介したい。

三月五日、ウズベキスタンの小柄なかわいい女性がやって来た。しかし、ふるまいは堂々としている。ウズベキスタンを誇りにしているラノ職員が通訳に入ってくれている。コンサルタントの市橋氏にも同席してもらった。

「お忙しいなか、ありがとうございます。私は、ウズベキスタンにやってきて三か月目、なにも知らない人間です。それから、東京のＪＩＣＡ本部からは、ＰＭＰコースの成果を求められています。ビジネス・コースの担当スタッフから、起業に成功したナルギスさんに会うのがいいと勧められています。ですから、今日は、細かいことをお伺いしたいのです。

卒業生ナルギスさん（左）と市橋氏

まず、大学では、どんな勉強をされたのですか」

「ロシア文学を勉強しました。ドストエフスキーに関心があったものですから」

ドストエフスキーの作品には、多くの学ぶところがあるといったもろもろの話があった。

「大学を卒業すると二一歳、それから就職したのですか」

「この国では、基礎教育の九年生を終え、カレッジまたはリツエーを終えてから、大学に入ります。普通は、二一歳で大学を卒業しますが、私は、一九歳で大学を卒業しています」

あとでラノ職員に聞いたのだが、どうも飛び級で大学に入り、卒業しているようだ。彼女が続けて言う。

「卒業のあと、勤めた会社が人材育成の会社でした。そのときから、二年後には、会社を作ることを心に決め、二一歳でそれを実行しました。以来八年、人材紹介や人材派遣の仕事に携わっています」

「会社の従業員は、何人ですか」

「五〇人ほどいます。彼らには、昨年ＰＭＰコースで教わったことを教えたりしています」

　彼女とやりとりをしていると、この会社だけを経営しているのではないことがわかって来た。彼女が続けて言う。

「八年の間には、この会社だけでなく途中、職業訓練の会社も立ち上げ経営しています。どんな分野かといいますと、美容やメークアップ、料理、自動車・電気製品の修理、マッサージといった分野の職業訓練です。そのために、美容サロンやエステ・サロン、それに修理実習室も備えています。この会社には、講師ほかの従業員が四五名います」

　年齢は三〇歳と聞いているが、この若さで多くの従業員を引っ張っている。彼女の話は、まだ終わらない。

「実は、三番目の会社も設立しました。『キャリアの人』という月刊誌の会社です。〇八年一〇月にＰＭＰコースを卒業し、翌月には創刊号を発刊、ついで一二月号、今年〇九年正月号、二月号、そしてあと一〇日ほどで三月号を発売します。発行部数は八千部ほどです」

「ＰＭＰコースを卒業して、間もなく新会社を設立したということは、その勉強が役にたったということなのでしょうか」

「もともと、ぼんやりとした新会社の構想は持っていたのですが、ビジネス・プランニングの演習でプランを作成し、プレゼンもしました。クラスで会社設立を実行に移したのは、私だけでした。マーケティングのプラン作成までも自分でやってしまいました。コース期間中に、組織の準備から設立登記まで済ませました。他人に頼むこともなかったので、本当に安く会社を作ることができました」

「雑誌は、どんなことを取り上げているのですか」

「一般の経済誌は、経済を専門とする人でないと読めないところがあります。この雑誌の目指すところは、ビジネスや金融のことを知らなくても、それに資金力が乏しい場合でも、ビジネスに成功できることを知らせたいと願ってのことです。このような趣旨から、『どうやってビジネスを始めるのか』、とか『マーケティング競争』といった特集を組みました。つぎは、『女性の活躍する企業』を特集します」

彼女は、「ジェンダー・イシュー」という言葉をいっさい使わなかった。援助の世界では、男女の特性を考えて開発案件を作っていくことが求められている。とくに、社会的に不利な女性を考慮してプロジェクトを作ることが国際的にも求められている。彼女は、そうした言葉に関係なく、働き手としての女性を意識している。国際社会は、「ジェンダー平等」を叫ばなければならないが、この国では、叫ばずにすでに実践している。こちらから、聞いたわけではないが、彼女は、さらに話を続ける。

「私は、ほんの一か月前に、タシケントのビジネス・ウーマン協会の会長に選ばれました」

とにかく、話が盛りたくさんだ。つぎつぎに話が変わり進んでいくので、フォローするのがたいへんだ。

「その協会は、どんな活動をしているのですか」

「ビジネス教育やマイクロ・ファイナンスを通じ、女性の起業を支援しています。この協会は、夫を亡くした女性、病気で働くことのできない夫をもつ女性など、不幸を背負いやすい女性の自立を支援することにしています」

「これは公的な機関なのでしょうか」

「協会は全国にあります。私のかかわる協会は、タシケントなので、市に登録しています。いまでは、小さな会社から大きな会社まで約三〇〇社の女性社長がメンバーになっています」

私は、思わず聞いてしまった。

「ナルギスさんは、会社をいくつか作り、それに女性支援の協会の会長までされる人ですから、ものすごいと思います。それで、ナルギスさんの指導力はかなり強いと思いました。ご自分では、どう思っていますか」

ぽつりとした声で、しかしきりっとした顔で彼女から答えが返って来た。

「私は、性格的にリーダーシップの強い人間かもしれません。いや、むしろ私は、リーダーでなければならないと思っています」

同業他社はどうなっているのか

私は、二月には文化センターを訪問し、また、ビジネス・コース卒業生からの話も聞くことにしていた。そして三月は、ビジネス関係の教育機関を訪問することにしていた。ここでも市橋氏にその手配をお願いした。彼は、淡々と言う。

「所長、いくつかの教育機関に面会を申し入れているのですが、どうも返事がきません」

この国では、事前に電話をして、それから文書で訪問目的などを知らせなければ、学長との面会希望が実現しない。また、そうしたステップをとったとしても、容易に面会が実現しないこともわかってきた。このようなビジネス習慣は、どうも大きな組織になればなるほど強い。この国の固有のやり方というよりも、権威を重んじるソ連時代のそれが今なお色濃く残っているとみるべきだ。

面会の約束が取れないのなら、つぎの手は、ウズベキスタンのローカル・コンサルタントに調べてもらうことだ。別に、多くのことを聞き出すつもりはなく、いくつかのビジネス関連の教育機関が、何を教えているのか、その修了期間はどうなっているのか、毎年の卒業生の数はどうなっているのか、それらを聞き出すことだ。期間をわずか一〇日間くらいに限ってコンサルタントに仕事を依頼することにした。

その際に、できれば、「センター所長のヨネダが会ってお話を聞きたいと言っている」と手配するように依頼した。私は、教育機関訪問の希望をまったく捨てているのではない。ローカル・コンサルタントだから、ローカルの人同士でかんたんに先方の担当者を通じて私の面会要望を聞き入れてもらえるのではと期待したのだ。が、言うまでもなく、この方法も難しいことがわかってきた。

それでも、私は同業者の話を聞いてみたいと思った。タシケントには、ビジネスの分野の大学院があり、この教育機関は、大統領ビジネス・アカデミーと呼ばれている。この国でＭＢＡの学位を与える唯一の機関だ。ローカル職員の話によると、つぎのように返ってくる。

「この大学院は、われらのＰＭＰコースの競争相手ではありません。幹部候補が政府関係者や国有大企業から派遣され、いわば一年から一年半で勉強させる学校なのです。ですから、中小企業の人材育成をする私たちのＰＭＰコースとは、目的も学生もすべてちがっています」

彼らの言葉を総合すると、学生の質にしても、やる気のある、われらのＰＭＰコースには及ばないようなのだ。自分たちのコースを誇りに思う気持ちから、こうした言葉が出るのはやむを得ないと思う。いや、むしろ仕事にまい進している彼らの日々の仕事からすれば、そうした意見になるのがありがたい。

それでも、私は、一度は見ておかなければならないと思っていた。日本人の集まるテニス会で一緒させていただいている小川教授が大統領ビジネス・アカデミーで教鞭をとっておられるのを知っていた。教授に講義を見せてほしいと頼んだところ、快く「ぜひ、来てください」とふたつ返事だった。教授は、ＪＩＣＡ派遣のシニア・ボランティアのひとりでもある。

三月九日の午後、私は、教授の講義を傍聴させてもらった。「世界経済危機」がテーマだった。四〇人ほどの学生がどやどやと教室に入ってくる。学生にしては、三〇歳代の働き盛りの人が多いように見えた。授業は教授の英語を、現地職員がロシア語に翻訳しながら進んでいく。われらのPMPコースと同様にここでも、英語ではなくロシア語の世界だ。通訳を通じた講義風景には、われらのコースとこのアカデミーのそれとのちがいがあまりない。通訳を通じて行なう授業風景はさておき、小川教授のみた世界経済危機は、金融出身のご経歴もあって、銀行を中心に据えた説明で興味深く思えた。ここでも、シニア・ボランティアの活躍が光っている。

授業のあとは、小川教授の手配で学長に面会することができた。学長の関心は、日本からの講師だった。ウズベキスタンでは、経済的に成功している日本の経験を教えてほしいという要望はよく聞くことだが、学長から言われて初めて、私もそのような希望がほんとうにあることを実感することができた。

「日本の講師がタシケントを訪問するようなことがあれば、共同授業でもいいので、ぜひ協力願いたい」

タシケント・ウエストミンスター国際大学

ウエストミンスター国際大学の学長との面会ができるとは思わず、全然期待もしていなかった。それが三月二五日、やっと実現する。日本センターからは、ビジネス班の男子職員ディルムラッドが同行してくれる。英語のうまい職員だから助かる。

校舎の外見は、レンガ造りで、かなり古い。しかし、内部に入ると、講堂や学長室など、それなりに改装されている。

私が、廊下を案内する副学長に聞く。

「校舎が古いですね。いつごろ建設されたのですか」

「一〇〇年前に建設されたと聞いています」

古い建物だけに、それぞれ趣のある校舎となっている。厳密には、一〇〇年は経過していないはずだが、革命政権の初めのころは、大学まで作って、共産主義を教えていたのかもしれない。モスクワから遠く離れた土地にあっても、共産革命に燃えたレーニンの思いが伝わってくるような気にさせられる。私のように、途上国で多くの大学つくりにかかわった人間にとっては、外国人の手で大学が作られたというだけで、どんな意図で作られたのか、つい考えてしまう。彼は、ほんとうに労働者の世界革命を目指して教育に力を入れようとしたのか、それとも帝国主義政策の一環でしかなかったのか。

私は、アブジュバキトフ学長に聞く。

「この大学の英語教育はたいへんかと思いますが、どのように勉強させているのですか」

「一年目は英語の勉強を徹底的にさせます。その後の本課程が三年間で、ここではすべての授業が英語で行なわれます」

学長もすべて英語で説明してくれる。なんといっても、英語でインタビューできるのが心地いい。

それにしても、政府もビジネスもなにかとロシア語で進んでいくのがウズベキスタンの社会だ。英語で教育する大学を作ったこの国の強い意図はなんだったのだろうか。

この国ではウズベク語が国語だとされているのに、政府もビジネスも、そしてわれらの日本センターも、ロシア語の使用が主流となっている。こうした複雑な言語状況に、また輪をかけて複雑にしているのが英語の使用だ。ウエストミンスター国際大は、すべての授業を英語で行なっているので、向こう一〇年、二〇年を考えれば、英語を理解する中間層が社会のいろいろなところで増加し活躍するようになっているはずだ、彼らがこのロシア語社会をどのように変えていくのか、たいへん興味深い。

この大学では、テキストもカリキュラムもすべて本家イギリスのウエストミンスター大と同じだという。授業料は通常の国立大学の五倍もするが、それでも、人気の大学なのだ。人気の度合いを具体的に知りたいと思った。

「ここ数年の卒業生の数を教えていただけますか」

「最初の卒業生が〇五年で三〇人、翌〇六年で八八人、その後の〇七年で一〇四人、〇八年で一三〇人、そして今年の〇九年では一七〇人を予定しています」

毎年着実に増えているのがすごい。学長が続けて言う。

「それだけでなく、新入生については、〇九年度だけで、四〇〇人を見込んでいます」

私は、この大学は、成功していると思った。これだけの社会需要を見込むだけでなく、むしろ掘り起こしているように見える。

「奨学金は、多くの学生にあたえられるのですか」

「初年度は二五人くらいの奨学金を出していましたが、今では四人に減少しています」

「入学倍率は、高いのでしょうね」

「奨学金学生の場合は、四人に一人、奨学金のない場合は一・五人に一人となっています」

私は、学部の話よりも、日本センターのPMPコースに近いウエストミンスター国際大の大学院について聞かなければならない。

「修士コースの卒業生は、どうなっているのでしょうか」

「〇九年の今年には、修士コースを終える人がやっと出ることになりますが、八人を予定しています。年間で二五人レベルに上げていくことにしています」

「修士号は、もちろん、MBAですよね」

「いえ、本学の修士修了生には、『国際ビジネス修士（Master of International Business）』を与えることにしています」

いまや、国際的にも、MBAが流行りなのだが、それとは少し異なる。

話を聞くにつれて、ビジネス教育の分野でありながら、受講の年齢層が異なる点で、ウエストミンスター大が競争のライバルではないことがわかってきた。わが方のPMPコース参加者はビジネス経験のある三〇歳前後であるのに対し、ウエストミンスターでは、学部を出たばかりの大学院生なので、二〇歳台前半の若い年齢層となっている。中小企業向けのビジネス教育でもない。

先に触れた大統領ビジネス・アカデミーにしても、政府機関や国営企業の派遣で学んでいる人たちばかりで、これも草の根の中小企業の振興ではない。

以上の通り同業他社について長々と述べてきたが、そうすることによって、われらのPMPコースが、ウズベキスタンの、そしてタシケントの社会で、どういった位置にあるのかを知ってもらいたかったからだ。

このほかにも、ケラジャック・リミという小さな私立のビジネス大学院があるが、ここもウエストミンスターと同じような年齢の学生を集めている。もっとも、この学院は、例外的に私立の高等教育機関だったが、この半年後に閉鎖されたことが、その後になってわかった。

そうすると、この社会では、われらが運営するＰＭＰコースが働き盛りの三〇歳前後のビジネスマンが集まる、唯一無二の教育機関ということになる。

報告、高いＰＭＰコースの入学倍率

三月二七日金曜日、三時から卒業式が行なわれる。英語のスピーチ原稿は、担当者に予め渡してある。同じビルの一三階にある大ホールを借りて卒業式を行なう。

開場の前の方に一段ほど高くなったところに、白い布がかけられた机と椅子が置かれていた。対外経済省の代表、日本国大使館からは大使の代わりに公使、ＪＩＣＡ事務所長、そしてセンター長の私がそれぞれの名札のある席に座る。

少し高い位置にあるので、卒業生の顔がよく見える。もちろん、だれひとり個別に知っているわけではない。それでも、卒業生の約七〇名、そのほか関係者をいれると、一〇〇人を優に超える人でざわめいている。卒業式が始まると、公使以下が祝辞を述べる。対外経済省の代表はロシア語で、日本大使館の公使以下は英語、それぞれ同時通訳が付いている。

それから、センター所長の私から一人ひとりに卒業証書を手渡す。つぎからつぎに卒業生の名前が呼ばれ、ぱちぱちと拍手が聞こえる。しかも、その拍手は、全員のものだからホール全体にとどろくように聞こえる。いったい、どんな大きな授与式が行なわれているのか、と錯覚を起こすくらいだ。

一人ひとりの卒業生に卒業証書が授与される。それが終わるとつぎは、皆勤賞や努力賞が授与され、そして各クラス成績上位三名、つまり六名が日本大使館公使やＪＩＣＡ所長から特別に表彰される。拍手は鳴りやまない。

この卒業証書は、転職や会社内昇進に有効であることは、実績として報告されている。ましてや、一番や二番で卒業する場合には、引く手あまたという話をきいたことがある。

こうした評判は、ウズベキスタンでは口コミで広がる。テレビやラジオで入学の募集をかけるよりも、多くの場合、実際に卒業した人たちから話を聞いてやってくる。卒業が出口ならば、入学は入り口なのだが、卒業時の評判は、入学のところで効いてくる。

ところで、入学にあたり注目しなければならないのは、どれだけ多くの応募があるのか、これはどのタイプの学校運営にも欠かせない情報だ。それでは、われらのＰＭＰコースの入学倍率はどうなっているのだろうか。市橋氏の報告では、つぎのようになっている。

	応募者数	入学者数	倍率
○一年	六五　人	四四　人	一・五　倍
○二年	五八　人	四四　人	一・三　倍
○三年前期	六七　人	四四　人	一・五　倍
○三年後期	八九　人	四六　人	一・九　倍
○四年	一二一　人	四五　人	二・七　倍

○五年	一三三人	四四人	三・○倍
○六年前期	一一六人	五三人	二・二倍
○六年後期	一八九人	六○人	三・二倍
○七年前期	一九三人	五六人	三・四倍
○七年後期	二四二人	六四人	三・八倍
○八年前期	二二六人	六七人	三・四倍
○八年後期	一九○人	六九人	二・八倍
合計	一六八九人	六三六人	二・七倍

最初のころは、受講生の受け入れ人数が安定しないのは、試行錯誤の結果だと考えられる。数字は昼間と夕方のあわせた平均値だが、夕方のコースでは、五～六倍になることがあるが、働きながら勉強を希望する人が多いことを示している。

ところで、読者のなかには、入学倍率をなぜ、そんなに声高に言うのか、なぜ学校運営に必要なのか、と思う人がいるかもしれない。少し、間伸びするかもしれないが、とりわけ途上国の社会開発には、どうしても有用な評価方法なので、少しがまんして読んでほしい。

日本の大学の入学試験について考えてみよう。週刊紙が入学倍率を取り上げるなど関心が高い。その情報は、受験生にとっては、まさしく倍率であり、文字通り「入学倍率」と考えていい。入学倍率が高い方が人気があるといってもいい。

ところが、ウズベキスタンのように社会の近代化が求められている国では、われわれ開発の人間が考える「入学倍率」とは意味が少し異なる。まず、ウズベキスタンには、われらのPMPコースと同種のビジネス学院がほかには存在しない。唯一の教育機関に多くの受験生がやってくる様は、それ自体が社会の需要と考えられる。しかも、それは数値で表されるのだから、これほど便利な指標はない。

われらのPMPコースについて言えば、社会がこのミニMBA校を必要とする程度と考えることができる。つまり、三倍もの「ひき」がある。私は、このことだけで、社会開発プロジェクトの大きな成果だと考えている。長期にわたり数値を取り、それが安定していれば、多くの人が注目して社会インパクトが出ていると言ってもいいと思う。

反対に、もし、プロジェクトを数年続けて、こうした社会需要が出にくい場合には、プロジェクトの運営方法を考えなおすことが必要となる。たとえば、授業料を下げたり、講師陣を一新したり、方法はいろいろ考えられる。

われらのビジネス学院では、通常の国立大学と同じレベル

プロフェッショナル・マネジメント・プログラム（PMP）
半年コースの卒業祝賀パーティ

の学費を設定している。これがより高額になれば、入学倍率が小さくなるかもしれない。先のウエストミンスター大の学費は、同じ国立大学でありながら、通常の五倍の授業料となっていると報告したが、それでもなお学生を集めることができるのだから、成功しているとみることができる。

こうしてみると、高い社会需要に支えられながら、われらのビジネス学院が進んでいることがわかる。もっとも、過去の数字が示しているように、なにもないところからの出発で、紆余曲折を経てやっとここまで来たのであり、この種の人材育成は初めに社会需要ありきではなかったことも理解されるべきだろう。

四月初旬、私は一時帰国した。

本部の担当部長から、成功の具体的な事例を報告願いたいと言われて二か月が経過していた。用意したパワーポイントで報告を行なった。

かつてＪＩＣＡの研修事業で日本研修を行なった研修生が大臣になったという成功話を聞いたことがある。本部は、そうした目に見える人材育成の話を聞きたかったのかもしれない。けれども、かりにＪＩＣＡの通常研修の修了生が大臣になるとしたら、二〇年も三〇年も経過してからでないと出てこないのではないだろうか。東南アジアのように戦後間もなく協力を開始したところとちがって、国際協力が始まってから一〇年にも満たない段階のウズベキスタンでは、そうしたグレートな成果を期待するのは、しんどいのではないだろうか。

それに、すでに明らかになったように、中小企業振興のビジネス人材プロジェクトは、大手企業に人材を供給するような目標を掲げているのでもない。ましてや、中小企業を振興したと言っても、ホンダやパナソニックのような世界でトップクラスの成功物語のようなものでもない。むしろ、ヌルディンとナルギザの両氏の起業ができた例でも、一〇年に及ぶ業界の経験があってのことだ。開発援助のプロジェクトのインパクトは、息の長い地味な活動の結果なのだと思う。

「なにか成果はないのですか」と聞かれたら、私は、胸を張って「三倍の入学倍率もあり、社会の需要に追いつきません。これが成果なのです」と答えている。

第5章　なぜ中小企業振興なのか

らだ。

中小企業にこだわる

話は前後するが、三月、私は、またしてもブハラに出張することにした。中小企業診断の分野で活躍されている池田シニア・ボランティアから、ウズベキスタンやブハラ州の中小企業について話を聞きたかったからだ。

それにしても、なぜ遠く離れたブハラまで行って、私は彼の話を聞かなければならないのだろうか。言いかえれば、人口が一六二万のブハラという州、また同じく三〇万のブハラ市の中小企業振興にまで、なぜ日本センターがかかわらなければならないのだろうか、もっと言えば、ウズベキスタンでPMPコースを実施しているからといって、首都の人口二三〇万の首都タシケントだけでなく、地方の州や市にまで出かけて行って、ほんとうにJICAは協力しなければならないのだろうか。

援助プロジェクトの実施できる地域は通常そんなに広くない。また、援助プロジェクトは、その国の中小企業振興だからといって、どうしても全国すべてをカバーしなければならないものではない。中小企業の振興は、一国の経済政策のひとつで、その国が推し進めなければならないものであって、JICAは、側面からお手伝いするにすぎない。もっとも、お手伝いするにしても、援助プロジェクトがどれくらいの社会的な成果やインパクトが期待できるのかを明らかにしておくことは必要だ。

もちろん、ブハラ市に日本センター支所がある以上、そこでの中小企業振興に向けて何らかの活動が求められていると考えてもいい。それでも、日本センターがブハラ市のビジネス人材の育成を一手に引き受けなければならないというわけではない。ブハラの日本センター支所には、シニア・ボランティア一名、青年海外協力隊員一名、それに現地スタッフ三名の計五名の陣容にすぎないのだからブハラ市に成果やインパクトをもつ活動などできるはずがない。

たしかに、ブハラでの中小企業振興関連では、タシケントの日本センターが講師を派遣して、入門用の「マーケティング」や「ビジネス・プランニング・セミナー」といった科目を年に四回程度、行なっている。一回のセミナーは、三日間ほどで、この地域の中小企業の経営者二〇名ほどを対象にしている。講師は、地元のタシケント、ときには日本からの先生にもお願いしている。しかし、この程度では、成果を確認するのはむつかしい。

これだけの議論であれば、池田シニアの話をなぜ聞かなければならないのかの問いには答えたことにはなっていない。むしろ、そんな程度なら、話を聞く必要性などまったくない。

実は、池田シニアから話を聞いておくのは、全国の中小企業振興の状況について知っておくことが必要だったからだ。中小企業振興に人材育成が大事だといくら言ってみても、どれくらいの中小企業従事者数なのか、どの分野の企業が多いのか、といった大きなところから、地域的特性はなにかといった細かいレベルの情報がいちおう必要だ。そうでないと、標的を定めず鉄砲を打っているようなもので、やみくもにプロジェクトを行なっていると言われても仕方がない。要は、中小企業がどのような状態にあるのか、その振興にはなにが必要なのか、そのなかで人づくりプロジェクトはなにをすべきなのかを考えることが重要だからだ。

もっとも、現実はそんなに甘くない。途上国の場合には、そうした基本的なデータが備わっていないことが多い。すでに触れたように、このウズベキスタンでは、かつてのソ連の一部でもあり、データが存在する可能性が高いとみていたが、必ずしもそうではなかった。また、共産主義という歴史的な経緯からか、データがあるにしても、必ずしもすべてを公表しているのでもない。

私はかねてより、地方のビジネス・セミナーの実施に疑問を持っていた。ほんの数日のセミナーを年に数回やったところで、ブハラの経済社会開発にどんな成果があるのだろうかとの疑問からだ。それだけではなく、ひとつの地方をいくらやっても、ウズベキスタンのビジネス分野の開発にどれだけの意味があるのか、意味があるにしても、中小零細のビジネスマンはゴマンといて、いくらビジネス・セミナーをやっても、大海の一滴としか思えなかった。

ところで、すでに述べたように、私の働く日本センターは、ウズベキスタン対外経済投資貿易省と日本の援助機関のＪＩＣＡが共同で運営している。対外経済省側からは、コーディネーターのグルミラという人を常勤で派遣している、彼女は、私の隣の執務室にいる。年恰好は三〇歳代後半、気合いの入った仕事ぶりだ。私は、日本センターの運営について彼女とよく打ち合せを行なった。

その彼女に、私は、こう言った。

「グルミラさん、ブハラのビジネス・セミナーは、定員二五名のところに二〇名くらいしか集まらないのです。これでは、ニーズが強いとは思えないのです。ビジネス人材の育成は、首都タシケントの日本センターで行なうだけで十分ではないでしょうか。このまま続けるかどうか、考えるべきだときだと思うのですが」

グルミラが言う。

「そのような考えになるのも理解できます。しかし、わたしたち対外経済省の立場からすれば、首都だけでなく、地方都市のビジネス振興をも担当している省庁です。全国一二州にはそれぞれ対外経済省地方事務所をおいています。それに、関連団体の商工会議所地方事務所もあります。地方の人材育成はなんらかの形で続けてほしいと願っています」

私のような即物的な人間には、ビジネス人材の育成ニーズは、入学倍率のような明確な形をとるものでなければ把握できないとの思いがある。どちらかと言えば、それは援助プロジェクトを客観的にみる欧米かぶれの発想に基づくものなのかもしれない。しかし、だからといって、日本センターの地方での活動をまったく切り捨ててしまうのでは、相手国の事情を考えないことになってしまう。そうだとすると、このような場合も、政府の強い要望をニーズのひとつとして考えなければならない。

中央の女性がグルミラ氏。立っている男性は日本人講師の一人。３月８日「女性の日」の事務所内ランチ

そうすると、開発屋の私は、なによりもこの国のビジネスの状況、とくに中小企業の実態、さらにはもっとも多い零細企業の実際をはっきり自分自身で理解することが必要だと考えるようになった。それによって、ビジネス分野でも、受講対象者や講義実施方法など、首都タシケントや地方のプロジェクト活動が見えてくるのではないか。それならば、ウズベキスタンの中小企業の実態に詳しい池田シニアから忌憚のない話を聞くことから、地方のビジネス人材の

育成需要、加えて私の当国経済事情の勉強が始まるのではないかと考えたのだ。

池田シニアは、タシケントにある商工会議所の本部で二年間ボランティアとして企業診断の活動をされ、再度一〇カ月の予定でブハラでの企業診断に取り組んでおられる。在留日本人の間では、当国のビジネス事情についてもっとも詳しい人なのだ。

当国経済事情

池田シニアとは、二時間くらい話しただろうか。あまりにも私がくい下がるので、お疲れになったかもしれない。

「池田さん、いろいろ聞かせてください。それではまず企業診断を希望する企業は多く出てきているのでしょうか」

「企業を集めて、ビジネス講演会などをやっています。そのなかから相談にのってほしいという企業を募っているのですが、あまり来ません。現在のところ、今夜、所長の宿泊予定のホテルなども含め、ほんの数社にとどまっています。それでも、私のブハラでの任期が八月までですから、企業診断を行なうにはちょうどいいくらいかなとも思っています」

先に述べたように、ブハラでのボランティアの活動は、困難を極める。とくに首都タシケントでの勤務とはちがい、日常の衣食住だけでも苦労するからだ。ボランティアするにしても、海外経験の豊富な池田シニアだからできることだ。たとえば、講演会を行なうのに商工会議所地域事務所の助力を得なければならない。英語がままならないこのブハラで、地域事務所に手配を依頼しなければならない。ときには自分で会場手配まで行なわなければならない。いや、むしろじっとしていれば、講演会を開くこともむつかしい。池田シニアのすごいところは、そうした苦労をいっさい言われないことだ。それはさておき、私の質問が続く。

「もともと、この国では失業者が多いと言われていますが、ブハラの状況はいかがでしょうか」

「一般論ですが、ここでは、多くの若者の失業者であふれています。仕事を求めて海外に出る若者も多いと思います。経済危機で帰国する人が多いのは最近の現象ですが、これまでのところ、ロシアやカザフスタンに出稼ぎに出る若者が多い。出稼ぎで得たお金をウズベキスタンに送金する額はかなりになると思っています。国内でも、首都タシケントに出て仕事をする人が増えているのではないでしょうか」

「この国の失業率はどうなっていますか」

「私は、失業の正確な実態はわからないと思っています。これは、『マハラ』という地縁・血縁の共同体と関係しています」

「マハラってなんですか」

ウズベキスタン社会を形容するとき、必ず頭に置いておかなければならないのが、この「マハラ」の存在だ。私は、ウズベキスタンに来て、このとき初めて耳にした言葉だった。

「それは、かつての日本の村落共同体のようなものなのです。その共同体に属しているかぎり、食いはぐれることがないと言われています。困窮しても、隣近所の人から食べるものを供給してもらえるからです。それで、失業している人間がいると、それは「マハラ」の恥になり、失職していることを外に向かってあまり言いたがらないのです」

マハラについては、また、別の章でも詳しく触れることにしたい。池田シニアが続ける。

「わからない点について、ついでに言いますと、この国の銀行は十分機能していません。人々は、市中銀行に自分のお金を預けようとしないのです。ソ連が崩壊した直後のことですが、ルーブルが下落し年金が少なくなるだけでなく、預けたお金が戻ってこなかったようなのです。それに、事業をするのにもお金を銀行から借りるにしても利息が高い。いまでもお金を借りようとすると、二五パーセントくらいの利息になります。この国の通貨スムがドルに対して低落傾向にあるために利息が高くなることとも関連していると思います。いずれにしても、銀行にお金が集まらない。ですから、それを原資に中小企業に貸し付けることができない。そうすると、中小企業の発展が妨げられることになります」

この情報も、私はなんとなく、そんなものかなと聞いていたのだが、はたと考えると、われわれ日本、あるいは西側先進国では普通になっている市中銀行とはちがう。こうした国に来てみると、日本の普通の銀行が果たしている役割のありがたみを感じる。個人は、自由に預金したり、必要なときに払い戻してもらったりできる。中小企業も、担保や保証と引き換えに、運営資金を借りることができる。ところが、この国では、銀行のあり方を変えていかなければ中小企業振興もむつかしい。たいへん重要な情報だと思った。

池田シニアが続ける。

「もうひとつ、わからないことに会社の帳簿がはっきりしないことがあります。どういうことかというと、税金を払う基になる帳簿は、税の申告目的だけです。ですから、税申告の基本になる帳簿を前提にすると、それでは不十分な情報なので、コンサルティングが困難になります。もっとも、品質管理やマーケティングの分野では、帳簿がなくてもアドバイスできるので、企業診断にはこと欠きませんが」

この指摘も、興味深い。この国の事情がかなり理解できる。日本であれば、市中銀行での金銭の出し入れも含め、税務署が必要と思えば経理書類を徹底的に調査できるのだが、多くの場合、市中銀行に預けることをしないウズベキスタンでは、自己申告だけで済んでしまうようなのだ。

「池田さん、この国の政府は中小企業振興にはまだまだ銀行改革など多くの環境つくりをしなければなりませんね」

「ですから、この国の政府も実は、中小企業支援を行なって、がんばっています。企業育成資金を設けたり、税金を下げたりしています。それに、私がタシケントの商工会議所を手伝っているときには、トルコ、ギリシャ、ドイツ、マレーシアといった国に研修生を送って、市場化の勉強をさせているようでした。また、日本からはボランティアの私でしたが、ドイツの援助機関ＧＴＺからは、民間のコンサルタントが派遣されていました。もっとも、このブハラには、この種の支援は少ないように思います」

池田シニアの話は、この国での私の仕事に役に立つものばかりだった。ここでの知識は、私のこの国に対する考え方のベースになっている。

ブハラ訪問の目的は、もうひとつあった。私は、ブハラの中小零細企業の一応の姿かたちを知りたかった。それによって、なぜ中小企業振興が大事なのか、それを確かめたいと思っていた。中小企業で働く人が多いのか少ないのか、数字はどうなっているのか、といったマクロの情報だ。

しかし、考えてみれば、池田シニアは、中小企業の診断という分野のお手伝いをされている。たしかに、ウズベキスタン経済一般やご自分の中小企業診断の情報にはお詳しい。けれども、ブハラの経済状況のなかで、なぜブハラの中小企業が大事なのか、なぜブハラのビジネス人材の育成が必要なのか、それらに応えるためにはどんなビジネス教育が必要なのか、これらの疑問に答えるのは、池田シニアではなくて、それを求めるのは開発屋でしかない。そして、それは日本センター所長の私の仕事なのかもしれない。

知りたい情報が入って来ないとわかっても、しつこく追及していると、ひょんなことで情報が入って来ることがある。池田シニアとの話が終わったころ、商工会議所ブハラ地域事務所のホドジェフ部長が、日本センター支所にやって来てくれた。もちろん、前もってアポイントを申し入れていた。

さて、ホドジェフ氏から、どんな話が聞けるのかということになるが、正直私はあまり期待していなかった。それでも、私は、彼に質問しなければならない。

「ホドジェフさん、ブハラ州の人口は一六二万ですが、法人登録をしている企業数は何件になるでしょうか」

「ブハラ州の登録者件数は、約三万件です」

三万件が大きい数字なのか、小さいのか私には、わからない。つい日本の場合と比較したくなる。人口が同じような県といえば鹿児島県だ。人口一七〇万人の鹿児島県のウェブサイトによれば、中小企業退職金共済事業に加入している三〇〇人以下の会社が約一万一千件となっている。ここと比べるだけでも、ブハラ州の中小企業数はかなりあるように思える。ものつくり、また退職金共済といった点では日本とはちがうにしても、中小企業数はかなり大きい。

「ひとつの会社で、どれくらいの従業員がいるのでしょうか」

「三人から五〇人という規模を中小企業と分類しています」

「業種別内訳は、どうなっていますか」

「農業関係で一万二千件ですから四割、製造業も一万一千件で四割、そして、残る二割が小売や運輸関係となっています。登録には法人分野のほかに個人の分野もあります。個人分野には、六千七〇〇件、うち農業分野がおよそ千五〇〇件となっています」

日本の中小企業には農業部門は含まないが、この国では含めている。そうすると、製造業ほかの件数は鹿児島県と同じようなレベルに近づく。

「ブハラ州の生産物には、どんなものがありますか。それらは国内消費、輸出どちらに回るのでしょう」

「いろいろな製品を作っています。主な製品といえば、国内販売用では、建築材料の焼きレンガ、輸出に回るのは、綿花を素材とする糸や布それに絨毯といったところです」

ホドジェフ氏からは、よどみがない答えが返ってくる。メモなどまったくみていない。

「政府は中小企業支援に力を入れているようですが」

「そうです。今年（〇九年）の一月に出た大統領令では、利息を一四パーセントから一〇パーセントに引き下げています」

「最後に、ブハラ州の総生産（ＧＤＰ）に中小企業はどれくらい占めているのでしょうか」

「ブハラ州中小企業の総生産への寄与率は、〇七年で五六・二パーセント、〇八年で五九・三パーセントとなっています」

ブハラ州がそうだとしたら、全国に当てはめれば、六割前後の大きさ（マグニチュード）にもなりそうだ。私には、地方の中小企業支援は必要で、マクロ的には微々たる影響しかないが、そのための地道なビジネス人材の育成は大事という気がした。

当国の経済事情の項の最後になってしまったが、大事な情報のひとつに当国の一人当たりのＧＤＰがある。二〇〇九年には千ドルを超えたとの政府発表があったが、人件費などは他の途上国と比べてまだまだ低いので、海外からの大きな直接投資の可能性がある。

会場に入れてもらえなかった経済セミナー

五月二二日、日本センターの入っているビルの隣にインターコンチネンタル・ホテルがある。ここで、ウズベキスタン国財務省主催の「世界経済危機とウズベキスタンの対応（"The global financial economic crisis, ways and measures to overcome it in the conditions of Uzbekistan"）と題するセミナーが開催された。

昼間の太陽がまばゆい。ビルの前の芝生や低い木々の緑が美しい。セミナーではどんなことが議論されるのだろうか、そして、このような政府の催しに招かれるのだから、日本センターの所長もたいしたものだ、と思いながら、私は朝一番、五分間の徒歩を楽しんでいた。

会場にはセミナーが始まるよりも少し早めに行ったのだが、案の上ホテル入口の受付では、何十人もの人たちでごった返している。自分の番がきたので、受付の若い男性に招待状を見せて、待っていた。五分もかかっただろうか、彼が「名簿には、あなたの名前がないので入れることができない」と言う。それでも、私は、「招待状をもっているのだから入れてほしい」と頼むのだが、結局受け付けてもらえなかった。やはり、と思う程度で驚きはなかった。私はすんなり、五分の道のりを経て自分の執務室に戻って来たのだった。

話は前後するが、実は私がタシケントに赴任して間もない一月下旬のある日、同じような目にあっている。このときの受付は、政府関係者、外交団、マスコミ関係者、そして民間と別れていた。付近にいた受付嬢に、どの窓口で受け付けてもらえるのか聞くと、外交団のところだという。その受付のところに行くのだが、今度は民間受付の方に行けと言う。同じようにどこの名簿にも私の名前がない。それでも、このときは私も気合いが入っていたので、引き下がらずに交渉して入れてもらった。会場に入るまでに三〇分もかかってしまった。

私は、こうした事実のひとつひとつを、このようにここで紹介している。なぜ、こんな細かいことを書いているのかと読者には思われるかもしれない。しかし、くだらないことだと思わないでほしい。こうした催しのやりかたに、その国の特徴、それに関係している人たちのふるまいが表れるからだ。そして、イベントの組織力、ひいては社会の組織力が如実に現れる。とくに、私のように、日本センターの所長ではあっても、外交団でも政府関係でもない、分類しがたい組織に属している。そうすると、こうした受付事務では、抜け落ちてしまうことが多い。そして、いろいろな不都合が出てきて、今回のような招待状よりも、名簿の方が優先するようなことが起きる。

おかしな要望が、またしても間髪をいれずにやって来る。

つい朝方入場を断られたところで、自分の執務室にとぼとぼ歩いて戻って来たことはすでに述べた。そして、お昼前ころだったが、今度は夕方の会議出席者の大夕食会に来てほしいと、日本センターの総務班を通じて、また招待状が送られて来たのだ。

この国では、イベントへの招待状は、直前に来るのが普通だ。二〜三日前に招待状が送られてくるのが結構ある。

この夕食会とぶつかる先約はなかったが、今日の今日の話であり、この日の朝のできごとを考えると、会場に行っても入れてもらえるのかの確証がまったくない。主催者側には総務班を通じて、午前中のできごとを説明し、一応のクレームをつけた。これには、今度は大丈夫だからぜひお越し願いたいとのメッセージが入る。ほんとうに入れてもらえるのだろうか。西陽の残る夕方の五分、少し汗をかきながら、私はホテルに向かって歩いていった。だめなら戻ってくればいい。

期待はしていなかったのだが、今度は難なく入れてくれた。午前中の若い受付男性が、午前中は済まなかった、と謝っていた。

会場の席が埋まって来ると、千人くらいの大夕食会だということがわかってきた。政府をあげて催し物を行なっている。所員の結婚披露宴にでたことがあるが、それと同じようにウズベキスタンの歌やダンスが華やかだった。

古い家はこわさない

話を経済セミナーにもどしたい。

私は、昼間のセミナーには出席できなかったので、どのようなセミナーが行なわれたのかは知らない。しかし、手元には、招待状と一緒に送られてきた英語で書かれた小冊子がある。小冊子は、五〇ページ足らずで、カリモフ・ウズベキスタン大統領の演説内容が印刷されている。どちらかというと冗長で格調のある文章なので、読みやすいとはいえない。

それでも、大統領が述べたことが文章になっているのだからと思い、読み進めていく。なんと大統領は、こんな風に考えているのか、と新鮮な気持ちになったのは私だけだろうか。考えてみれば、文献といえば、ロシア語ばかり。私には英語で大統領の考えが示されているのは、この小冊子をおいてほかにあまりない。これはありがたいと思った。

さて、世界の経済危機について、カリモフ大統領は、どのように考えているのだろうか。

小冊子は、第一部（評価）と第二部（施策）に分かれていて、以下は、第一部の「世界経済危機とウズベキスタン（"Impact of the global financial crisis on the economy of Uzbekistan, and factors that have prevented and mitigated its consequences"）を参考に考えてみたい。

大統領によれば、アメリカの金融危機が発端で世界的に経済危機が拡大している、とくに巨大金融機関の信用不安から巨大企業の株価が大きく落ち込み、この先の広範な生産縮小が懸念されるなど、世界経済は混乱している。大統領は、リーマン・ブラザーズ社の破たん、また、はじけたバブルといった表現は使っていないが、世界経済が大きな打撃を受けつつあると認識している。

しかしながら、大統領は、中央集権的な経済運営を行ない、また、「一定の規制」を伴う市場システムをとっていることを強調している。これは、急速に市場経済を取り入れるのではなくて、じょじょに改革を進めるという、いわゆる漸進主義のことだ。ウズベキスタンの経済に少しでも触れたことのある人には、「新しい家が建つまでは、古い家はこわさない（"do not destroy the old house until you build a new one"）という大統領の言い方で知られ、そのことが小冊子でも触れられている。

興味深いのは、ウズベキスタンが、この漸進主義により、現在のところ経済危機の影響をまぬかれていることだ。大統領は、このことを多くの国が短期投機的な海外投資を行なっているのに対し、この国は、それとは反対に、むりのないかたちで中長期の外国からの投資を受けている、と表現している。そして、このような経済運営に自信を深めているように見える。

それにしても、ウズベキスタンが世界の経済危機に巻き込まれなかったこと、これは短期投機的な海外投資をしていないことと関係があるようだ。私の解釈では、先の池田シニアの話にあったように、市中銀行が発展途上にあり、国民などから預金を集めるほどではなく、それがために海外投資に回す余裕がなかったのではないか。また、加えて、海外に送金するには、いろいろな手続きがあり、海外投資にしてもかんたんには行かない、この国の事情が手伝っていたのではないか。

反対に、この国は、海外からの投資は大いに歓迎している。小冊子は、この二年で、外国からの投資が一・五倍になったと言い、国内投資分と合わせてGDPの二五パーセントに及ぶと言うのだ。このところの経済成長率が八～九パーセントと高くなっているが、多くはこの投資によって支えられていると考えられる。

言ってみれば、外貨が出て行くのを嫌うが、入ってくるのは歓迎というスタンスを取り続けている。これが、市場に対する「一定の規制」の姿といえるのかもしれない。

大統領は、世界の経済危機を受けなかったと自信を深める一方で、今後は世界の市場が収縮する可能性を考え、そのかぎりで確実な経済運営の重要性を強調する。そして、今後は、非鉄金属、綿花、ウラン、石油、肥料といった、この国の産品輸出に陰りが出ることを心配している。大統領は、世界の経済危機から、早くもこの国の次の困難を予想している。

私は、この小冊子が外交団の間でどのような位置づけにあるのかは知らないが、強い指導力がにじみ出た資料だとの印象を持った。また、この小冊子は、アメリカ大統領の年頭教書演説の経済政策部分にあたると理解している。

もとより、大統領は、冷戦末期にソ連の指導者ゴルバチョフから地域共産党書記長に抜擢され、独立後もウズベキスタン国民を指導してきた。また、ソ連時代には、ゴス・プラン（国家一般計画委員会）計画の作成にかかわるなど、エコノミストでもある。

今次の世界経済危機にあっても、カリモフ大統領の政治的指導力は衰えていない。

誇り高い国民

タシケントの春は短い。桜の花に酷似したアプリコットの花が散ると、もう五月。緑の美しさを眩しく思っていると、すぐに初夏のような日々がやって来るが、これも短い。そして、五月中旬ころから八月の初旬まではかなり暑い夏の気候となる。けれども、東京や大阪のような蒸し暑さはない。湿度が高くないのだ。ただ、夜になっても、暑くてなかなか寝られないときがしばらく続く。そして、六月二五日から八月五日までの四〇日間がもっとも暑く、これをタシケントの人たちは「大暑の時期（チッラ）」と呼んでいる。

七月中旬、暑い気候のなかでも、ビルのなかにいれば、なんとか東京と同じように仕事ができるのがありがたい。しかし、海外勤務だからといって、ゆっくりはさせてもらえない。ギター演奏会だの、学習発表会だの、日本祭りだのと、つぎつぎに行なわれる文化関係の催しがある一方で、日本センターの所長として私は、ビジネス学院の運営について、ＪＩＣＡ事務所や本部に相談したり、報告したりしなければならない。むしろ、センター長の仕事は、催し物の開催よりも、こちらの方の比重が大きい。そして、この時期、私は、われらのビジネス・センターの五年後、一〇年後をどのようなかたちにすべきなのか、将来構想を問われていて、報告内容を自問していた。

もちろん、私が構想したからと言ってどうなるのでもなく、実現するかどうかは、ウズベキスタン側とＪＩＣＡ側の双方がどのように合意するかにかかっている。しかし、双方に向けてなんらかの示唆をすることができれば、それは開発屋のひとりとしては、ささやかな喜びだ。

七月のある日、将来構想の文案ができたところで、日本語がほぼ完璧にわかるラノ総務職員に私の執務室に来てもらった。さっそく、私の机の向こうの補助椅子に座る彼女に、私の文案を相談目的で差し出した。

「ラノさん、私は、この成功している学院をできるだけ続けることができればいいなと思っています。それで、将来の青写真を描くために、基本となる考えを文案にしたので、目を通してほしいのですが」

彼女は、どちらかと言えば、日本語の文章を読むよりも耳で聞く方が得意だということもわかっているので、私が読み上げることにした。ページ数は結構あるのだが、聞いてほしいところは、わずか半ページの部分だ。

「ウズベキスタンは、独立から一八年が経過したが、いまなお大企業の大半は国有企業ないしは国の株式所有率が高く、社会主義の時代の旧態依然とした経営が続いている。また、国際的な資金送金に一定の制限があるなど、日本やアメリカなどの直接投資が急速に進むようなビジネス環境にはない。これには、急激な市場経済化よりも時間をかけて移行していく方針が取られている背景がある。もっとも、このような経済社会にあっても、実体経済の改善が必要であるため、政府は中小企業の振興を重要課題と位置付けている。市場経済への移行には、こうした中小企業の振興が有効であり、そのことは中長期的には民主化にも資すると考えられる……」

あれっと思った。ラノの顔色が尋常でない。普段は、穏やかな性格の人だ。なにか悪いことを書いてしまったかなと、にわかに心配が募る。

「所長、この表現のなかに、ちょっと納得のいかない表現があります」

「『社会主義時代の旧態依然とした経営が続いている』というところです」

「どの部分かな」

ここでは、当時の私のこの国に関する基本的な認識を述べたものだ。大企業のありようも、すでに前の章で触れたとおりだ。そして、そのあとには、ビジネス人材の育成が大事だというくだり（ジャスティフィケーション）が続くのだが、どうも彼女の目には、「旧態依然」というマイナスのイメージを表現する言葉が耳に入り、とても気に入らないようなのだ。

「そうだね、これはきつい表現かもしれない。私は、無造作に使ってしまったかもしれない。非常にいいアドバイスなので、違う表現を考えてみるよ」

だれだって、自分の国の悪い点を正面から言われるのは気持ちのいいものではない。私の意図としては、日本センターの新しい方向性を示せればいいと思って文案を作っているし、そうした努力をウズベキスタンの職員にもわかってもらいたいという気持ちがあった。それから、日本語の達人であるラノ職員には文書作りの技術移転をも期待していたので、「こんな風に文書を作る必要があるのですよ」と見せたかったのだ。

それにしても、彼女が「旧態依然」という言葉に反応したことについて、前後の関係をみるよりも、その言葉だけに注意が行ってしまった可能性が強い。ただ、こうしたマイナスの言葉に反応する彼女は、自分の国にまだまだ足りない部分のあることがわかりながらも、外国の人からは、そんな風に言ってほしくないという思いがあるようなのだ。私には、それは自分の国に対する誇りを持っていることの証と思えた。私としては、ＰＭＰコースを通じて、中小企業へのテコ入れが大事だということを示すために、大企業のことをあえて言ったに過ぎなかった。

もうひとつ、ウズベキスタンといえば、かつてソ連という大国の一部だったことを忘れてはいけないと思う。この国の人たちは、外国人が来ると、彼らはこの国に勉強しに来たように思うようなのだ。外国人からは教わるものは少ない、と考えるふしがある。青年海外協力隊がボランティアでなにか教えようと思っても、「勉強に来たんでしょう」と言われるのだという。同じように、この国では、新しい協力プロジェクトを作るのがむつかしい。

私は、途上国支援の仕事に携わって三〇年、相手国の人たちと交渉や議論をするなかで、彼らの気持ちがわかっているはずだった。こんな基本的なことができていないのでは、相手の国の人たちの気持ちをあまりわかっていなかったことになる。

ＰＭＰコースの将来を考えるなかで、ひょんなことからラノ職員は、日本語であれ、英文であれ相手国のことを形容する場合には、言葉を選ばなければならないことを教えてくれた。いや、それ以上に、この国の人たちがもつ自分の国への思いがどんなものかを教わった。そうした理解は、経済社会が建設途上であるなしにかかわらず、国と国とのお付き合いには必要なことだと思った。

経済政策としての中小企業振興

人材育成を通じて中小企業の振興を手助けするのが、われわれの仕事だ。そして、これからも、日本センターのビジネス学院が大事な役割を果たしていくのが望ましいと思っている。そこでは、とくに起業に燃える、中小企業の三〇歳前後の中堅を手助けしている。こうした活動が少しずつだが移行化経済に貢献していることを示せたのではないかと思っている。しかし、私の宿題は、まだ片付いていない。多くの分野の協力が考えられるなかで、なぜ、中小企業なのだろうか、そのことをマクロ的に示せるかどうか、これが残っている。

ところで、この国の経済事情を一番知っているのは、やはりカリモフ大統領かもしれない。小冊子で経済危機への対応で檄をとばしたのは、二〇〇九年三月だった。すでに述べたように、私は、この小冊子を大統領の年頭教書と勝手に呼んでいる。早いものでそれから一年、またしても、大統領の新年の年頭教書の季節がやって来た。そして、またしても、経済の重点事項が記された小冊子とともに、四月の経済セミナーへの招待状がやって来た。今度は、私にも報告者のひとりとして出てほしいとの財務省からの手紙までついていたのだが、結局、私の一時帰国の都合で報告することはできなかった。

この二〇一〇年の小冊子には、大統領が閣議で行なったスピーチが掲載されている。今度のタイトルは、「国土を開発し国民の生活を改善するのが、われわれの枢要な仕事（"Our key task is to further develop the country and the well being of the people"）」となっている。

小冊子は、倍増した国民の預貯金の支払い保証を含む銀行の改革、全国で八四〇にも達する公的なプロジェクトの実施、輸出企業への各種のテコ入れ、と多くの政府の施策を実施した結果、前年比較で二・三倍の生産増になったと言っている。また、前の年に行なった、工場への新型製造ラインの導入支援、減税、といった経済危機対策を行ない、結果として二〇〇九年は、雇用創出や生活水準を向上させることができたという。

雇用創出についてもう少し詳しくいえば、全国で九四万人、うち五〇万人が地方の雇用増加だった。これを中小企業の面からは、三九万人の雇用が生まれ、うち二七万人がサービス業だったという。このように、大統領は、タシケントだけではなく、いかなる場面でも地方の開発に言及することを忘れない。

こうして、二〇〇九年の経済成長率は八・一パーセント、インフレ率は七・四パーセントだった。ついでに、同年の国内外からの投資総額は八二億ドルで、前年より二四・八パーセント増加し、海外からの投資は、六八パーセントも増加しているという。

このようにみてくると、いろいろな経済指標が並んでいるが、私なりに解釈すれば、大統領のキー・ワードは、「中小企業」と「地方」のように見える。そして、「中小企業」について、彼は言う。

「（私は、二〇〇九年度は）中小企業と民間企業の振興に特別に気を遣った。この分野に重点をおくことは、経済成長、雇用創出、国民所得の増加、ひいては国民生活の増進につながる。（そして、重要なのは、）わが国の国内総生産（GDP）のうち、中小企業の活動が、二〇〇〇年で三〇パーセントだったのが、現在では五〇パーセントも占めるようになっていることだ」（小冊子二八ページ）

そして、「来年の一〇年も、五二・五パーセントにもっていきたい（同四三ページ）」と目標を掲げる。

大統領はさらに、中小企業振興には、銀行の活用も意識し、商業銀行には、中小企業、民間企業そして農家への貸付レベルをあげることを目指せと指示している。〇九年の貸し付けでは、〇八年よりも一・五倍の伸びを示しているが、一〇年では一・四倍にしたい。また、零細企業向けの小規模貸し付けは、同じく〇九年では二倍の増加を見たが、一〇年には一・三倍にもっていきたい、というものだ（同四〇ページ）

GDP総生産で中小企業が占めるシェアは半数程度だが、労働人口の七割もが中小企業で働いている現実から、中小企業の人材育成はいくらやっても、やり過ぎることはない。

それでは、「地方」の課題については、どうか。

スピーチ前半は二〇〇九年の総括だが、後半は二〇一〇年度においても、これまでの改革や近代化、また経済危機対策を継続することの重要性を強調している。ここでも、関係省庁にたいして非常に細かい指示を行ない、「地方」の課題を強く訴えている。

それによれば、大統領は、地方の生産性をあげるために、役所の役割を限定する（delimiting the Authority of bodies responsible for development of localization）などの措置が必要だという。これには、対外経済省が責任をもって行なうことが指示され、地方の生産が〇九年よりも一〇年では四〇パーセント増、またその海外輸出分が一二パーセント増となるよう訴えている。

対外経済省の話が出てきたので、ついでだが、大統領は、海外輸出の場面で関税を関係国との間で調整せよ（improving the system of transporting export cargoes through the optimization of tariffs with member countries of international transport corridors）と言っている。文面からは必ずしもはっきりしないが、それには、輸入国との間で関税を下げるなどの努力を示唆しているように思われる。

もちろん、輸出入の分野でも「地方」がかかわることにはちがいがない。私は、フェルガナという地方都市の中小企業の調査に行ったことがあるが、カザフスタンやキルギスタンの国境にも近いことから、企業はプラスティック製品など国境を越える売買を普通のことと考えている。

ついでをもうひとつ。大統領は、海外からの投資プロジェクトの推進を指示しているが、関係省庁はまたしても対外経済省だ。大統領は、これらに関連して、近代的な電話通信網、また、道路、鉄道および空路といった交通手段の整備を長期的に行なっていくことが重要だと指摘している。これも、「地方」を念頭においた政策以外のなにものでもない。

それにしても、スピーチ（小冊子）では、大統領の対外経済省への言及が三回もあった。いくつかの省庁にいろいろな要求をするにしても、ひとつの省庁への言及としては、対外経済省がもっとも多い。われわれの日本センターがこの対外経済省との共同プロジェクトだとすでに述べたが、この省庁の「中小企業」と「地方」への意欲は、大統領の強い意志の表れなのだ。

対外経済省から派遣されたグルミラ氏の言葉を思い出してもらいたい。

「わたしたち対外経済省の立場からすれば、首都だけでなく、地方都市のビジネス振興をも担当している省庁です」

大統領が中小企業振興に言及するのは、二〇一〇年の小冊子だけではなく、前年の小冊子で何回も指摘されている。こうしたことから、日本センターとしては、ブハラでのセミナー回数は少なくしても、フェルガナ、カシュカダリア、サマルカンドといった地方都市でも、少しずつセミナーを行なっていく方向に切り替えている。

第6章　人材育成は日本に任せて

日本留学フェア

先の章では、ウズベキスタンのビジネス人材、とくに中小企業の人材育成プロジェクトの正当性について縷々述べた。本章でも、もちろん中小企業人材の育成についてもう少しエピソードを紹介したいと考えるが、それとあわせて少し間口を広げて、日本がかかわる途上国の「人づくり」についても報告したいと思う。そして、ここではまず、ウズベキスタンの大学生向け「日本留学フェア」を取り上げたい。

最近の日本の大学は、海外からの留学生獲得に動いていて、タシケントの日本センターも、この影響を受けている。どういうことかというと、日本では中国や韓国からの留学生が圧倒的に多いようだが、ここにきて中央アジアの優秀な学生を採って、留学生を多様化したいとする希望が出ている。日本のいくつかの大学は、実際に中央アジアの大きな都市に出かけては、留学説明会を行なっていて、その一環で日本センターを会場として利用いただいている。

最初のころは、日本センター内には大学案内パンフレットを置く程度だった。もちろん、ときには日本から説明のために大学派遣の人たちの来訪があるので、日本センターとしてもタシケントにある大学向けに説明会のアナウンスなどのお手伝いをしてきた。これも一〇年近くにもなるタシケントの日本センターの活動から生まれた事業のひとつだ。

ところが、とくに最近では、福田首相が二〇〇八年一月に表明した「留学生三〇万人計画」に後押しされたのか、二〇〇九年になると大学説明会である「日本留学フェア」が組織的に行なわれるようになる。この計画を受けて、二〇〇九年の一〇月のある日、丸一日を使って、日本センターは、「日本留学フェア」を開催し、日本の上智、国際大学、名古屋、立命、ＩＣＵ、筑波、東海などおよそ七大学の担当者がそれぞれ「ぜひ留学先はわが大学に」と力の入ったプレゼンテーションを行なった。ここでは、約五〇〇人のウズベク学生を集めた。大きな会場が学生で埋まるのだから実に壮観だ。

ひとつの大学から二～三人平均で計二〇人以上の大学関係者が日本からタシケントにやって来るのだから、小さな日本センターには一大イベントとなる。日本センターの事務方は数カ月前から準備を始めて、本番の実施や日本の大学関係者の送り出しまでの仕事で追われる。

日本センターは、このような手配の仕事だからといって、それだけにとどまるものではない。そこで、こうした事業を通じて、いくつかのことが判明してくる。

まず、ＪＩＣＡ本部の日本センター課の役割である。

もちろんこのようなフェアの開催は、タシケントの日本センターだけで進められるはずがない。日本国内でも、フェアに参加したい大学を広く募集しなければならない。これには、日本センター課がかかわっている。しかも、留学説明会は、ウズベキスタンのタシケントだけでなくて、近隣のカザフスタンのアルマティー、キルギスのビシュケク、さらにはウクライナのキエフにも日本センターがあるので、それらを巡回する形で企画されている（ウクライナの日本センターは、二〇一一年五月をもって終了）。ＪＩＣＡ本部の日本センター課は、そのようなイニシアチブをとり、結果として日本の大学の国際化に一役買っている。

第二番目の発見は、日本の大学が、外国人留学生のための授業料減免、ないしは奨学金を用意していることだ。これはもとより、日本政府の援助予算を当てにしているものではない。思えば、一人当たりのＧＮＰが千ドルくらいのウズベキスタンのような所得の国から私費海外留学とまでは、なかなかいかない。日本からのある大学関係者によれば、そうした、奨学金を活用して日本に留学生を呼び込んでいるケースが何件か

上智大の案内ブース

出てきているとのこと、これはありがたいと思う。

三番目の発見は、この事業を通じてあらたなウズベキスタンの事情が見えてきたことだ。

二〇〇九年の留学フェア実施中に、私はウズベキスタンのある放送局のインタビューを受けていた。そこでは、思いもかけない質問を受けた。その部分だけを取り出すとこうなる。

「本日のフェアは、すべてロシア語で行なわれています。参加している学生の多くはロシア語がわからないのですが、それでもこのような形を来年もとるのでしょうか。所長は、どう考えますか」

これは、予想もしていなかった質問だった。普通であれば、一年間で日本に留学するウズベク人学生は何人ですか、といった程度の予測のつく範囲だが、今回はちがっていた。

「ご質問の意味が私には、よくわかりません。この国の多くの大学生がロシア語を理解しないというのは、どういうことなのでしょうか。ここウズベキスタンでは、ビジネスにしても、政府にしても仕事の言葉はロシア語だと私は理解しています」

「そうですね、こんな風に言えばいいのでしょうか。今年も例年通りに一八歳の学生が大学に入学しています。ところが、彼らは、これまでの高卒で大学に入学してくる学生とはちがい、独立後はすべてウズベク語で教育を受けてきた学生たちなのです。とくに地方の学生には、日常ロシア語はまったく必要がなく、ウズベク語で済んでいます。ですから、日本センターでは、このような変化にどのように対応されるのか、それをお伺いしたかったのです」

私の頭のなかでは、そうしたウズベク語政策はわかっていたのだが、現実にその波が押し寄せ、変わりゆく現場の教育事情に気が付いていなかったのだ。われわれ日本では、このような言語政策を経験していないだけに、実感するのがむつかしい。

「ロシア語がわからない学生が出てきたというのはわかりましたが、どれくらいのパーセンテージになりますか」

「現在のところ、おそらく四分の一の学生にはロシア語がむつかしいと思います」

「そうですか、ご意見を踏まえて、来年からは、説明会の仕方を変えるよう考えてみます」

こんな風にしか答えようがなかったのだ。インタビューされる側がインタビューで質問してしまったことになる。日本センター事務所に戻って、ウズベク人スタッフに聞いてみると、それにまちがいないということだった。思わず私は独り言。

「それって、スタッフのだれも言ってくれなかったじゃあないの」

ウズベキスタンでは、ロシア語、ウズベク語、タジク語といった言葉が錯綜している社会であることはすでに触れた通りだが、ここに来て、この国の使用言語が流動化していることを否が応でもわかってきたのだ。そう言えば、一〇年前にタシケントに勤務したことのあるＪＩＣＡスタッフが最近旅行でタシケントにやって来たことがあった。その際、「かつては市街地の看板のほとんどがロシア語（キリル文字）だったのが、今ではロシア語、（ローマ字表記の）ウズベク語、半々になっていますね」と言っていた。

年が改まった翌二〇一〇年九月の留学フェアでは、説明会は英語で行なわれ、ロシア語の通訳を付けることにした。ロシア語がわからない学生がいても、ある程度英語は理解できるとの読みだ。ということは、高校までの英語の授業を受けていることを前提にしているが、ウズベキスタンは少しずつだが英語が浸透する社会でもあるわけだ。

ちなみに、前年一〇月の説明会には約五〇〇名の学生を集めたが、二〇一〇年九月の留学フェアではおよそ七〇〇名にものぼった。日本への留学希望がつよくなっている。

日本の法律を日本語で学ばせる名古屋大

タシケントにやって来て発見したもののひとつに、ウズベキスタンの学生が日本語で法律学を学ぶことの意義がある。ビジネス教育のことではないので、私の仕事の範囲の外とも思えるが、タシケントでの日本語教育のことでもあり、ここで少し触れておきたい。

外国人が日本語で日本の法律条文を読んで勉強するなんて、とんでもないと思っていたのは私だけではないだろう。そもそも、このグローバル化の時代に、日本語で法律を途上国の人に教えるというのは時代に逆行しているのではないか。日本人でさえ、条文や法律学は外国語のようにむつかしい、ましてや、日本語を外国語とする人たちに、学部の時代から日本語を思い切り勉強させて、あわせて日本の民法や憲法を詰め込むというのだから、これほど非現実的なものはない、と思えてならなかった。実は、名古屋大が外国の法整備支援に積極的に活動されていること、また、それには、日本語の勉強が前提になっていることについては、私の名古屋のＪＩＣＡ中部国際センター勤務のときから知っていた。

タシケント赴任から四か月ほど経過したある日のこと、名古屋大学派遣の日本法担当の社本先生、日本語教育の近藤主任、日本語の協力隊員の船脇さん、そして、たまたま名古屋大からインターンで来ていた博士課程の田中さんという女性が日本センターにあいさつに来られた。タシケント法科大学の教育に携わっている人達だ。なにかと日本センターと連携していきたいというお話であり、こちらも希望するところだ。

しばらくして、船脇さんから電話を受けた。

「所長、土曜日に法科大三年生の研究論文の報告会を行ないますので、出席いただき、学生の報告にコメントいただくとありがたいのですが」

「それは、英語でコメントするのですか、それとも日本語ですか。日本語だとするとだれかにロシア語に通訳していただけるのですか」

「いえ、論文の報告も、すべて日本語です。日本語でコメントしていただければいいのです」

私は、正直半信半疑だった。大学三年生、それも日本になど留学したことのない人たちだ。そもそも、日本語でのやりとりが成立するはずがない。

そんな風に思いながらタシケント法科大学を訪れた。教室には、大使館員やシニア・ボランティアの何人かがコメント役で出席、比較的年齢の高い日本人の総動員という印象だった。日本人が少ないので、こうして私までも呼んでもらえるのだ。

教室で、学生が一人ずつ報告する。日本語で法律を勉強している三年生は一〇人くらい、毎年これくらいの学生数にはなるらしい。また、なかでも優秀な学生は名古屋大の大学院に進むことができることもあって、どの学生も真剣だ。もちろん、会場ではレジュメも配布され、それもすべて日本語で記されている。

私が予測していたのとはまったくちがう方向にことが進んでいく。少々の不自然な日本語の表現があっても、三年生の諸君は、どうどうと日本語で渡り合っている。日本語でやりとりが進んでいくというのは、ほんとうだったのだ。

一番バッターのバラトフ君は、「ウズベキスタンにおける自動車損害賠償保険法の問題について」と題する報告を行なった。彼は、最高三千ドル相当までの保険金が支払われるまでに時間がかかる、金額が十分でない、民間の保険会社が八・八パーセントしか扱っていないのは少なすぎ、といったことが問題だと指摘する。

私は、いつの間にか、行き交う日本語のなかで、日本語で議論に参加している。そして、バラトフ君とは別のところに関心があった。つまり、いわゆる自賠法なのだが、彼によれば、デンマークで同種の法律ができたのが一九二七年、イギリスで一九三〇年、ドイツで一九三九年、日本は一九五五年とかなり前から運用していたのに対し、ウズベキスタンの法施行は二〇〇八年とごくごく最近のことだという。ということは、西側先進国の導入が早くて、この国はとても遅い。これは多くの法律にもあてはまるのではないかという思いを強くしたからだ。

イギリス人ジャーナリストのデービッド・ルイス（David Lewis, 2008, “The Temptation of Tyranny in Central

Asia" page 4）によれば、ウズベキスタンの外国とのお付き合いは、一九九一年の独立時に始まったという。外務省の活動も、旅券や領事業務も、またそれらに伴う法律の施行も独立以降、また、世銀ほかの国際機関からの借り入れなど経済の対外関係も、独立以降のことだ。そうすると、日本にあてはめると開国から二〇年経過した明治二〇年、インドネシアであれば一九四五年独立から二〇年後の一九六五年、そのときどきの国情を考えれば、市場経済化や民主化はまだまだ発展途上だったと言えるのではないか。このような並びから、ウズベキスタンも国としての活動がいまもなお発展途上にあるのではないか。ましてや、自賠法の施行がごくごく最近のことと指摘されると、この国はとても若いことがわかる。それだけに、この国とっては、ソ連崩壊の意味は、黒船来航と同じようにとても大きなできごとだったにちがいない。

加えて、三年生の論文報告であるにもかかわらず、旧ソ連時代の法律が今なお生きていることを教えてくれた学生もいる。数人あとで報告したシャリポフ君は、「国民の権利・自由の保障」では、公務員の不法行為からどのように国民の権利を守るのかという問題提起を行なった。ここでも、問題提起よりも、この国には公務員の法律がなく、また、民間会社の経営者が今なお公務員とみなされるという点に私の関心が向いた。

なんと、民間と称しても会社のトップは公務員の扱いだという。すべてではないにしても、いまなお、すべての労働者が公務員だとする時代の制度を一部維持していると言っていい。民営化を含む市場経済化はこの国の課題だが、まだまだ、国づくりの過程が続いていて、旧ソ連のシステムをそうかんたんに拭い去ることができないのではないか、しかし反対に、急に西欧スタイルに向けた改革を進めても、役所や人々の意識が同じように変わっていくとも思えない。

このような例はわかりやすいのでここで紹介しているが、学生一人ひとりの報告が民主化や市場経済化に関連していて、この国の現段階を教えてくれるものだ。こうして、学生の一人ひとりの論文報告が実にリアルで、私のようにこの国のシステムに関心のある人間には、興味が尽きない報告会となった。

話を日本語で学ぶ法律学にもどしたい。

法律学の勉強は、一般の日本語学習とはちがい目的が明確だ。そうした合目的性からか、日本語弁論大会に出ると優勝する法科大生が出るなど、ほんとうに実があがっている。また、日本人とはちがい外国語の習得にすばらしい能力を発揮するウズベキスタンの人たちには、こうした勉強方法があっているのかもしれない。

それで、もう少し考えを進めると、日本に留学してくる外国人学生は、日本語で学問をさせるのがいいようにも思えてくる。

どういうことかというと、日本の公的資金で日本に呼ぶ学生は、最近では英語で留学できることが多く、背景にはグローバル化に伴って、英語で授業を行なえる大学が増えていることもある。しかし、そうした留学は果たして日本の役に立っているのだろうか。帰国後に片言の日本語はできるようになっていても、むしろ英語の堪能な人材であり、結局は欧米を向いた思考になっているのではないか。日本の理解者を作るはずの公費留学が、実はそうなっていないように思えて仕方がないのだ。

私の各国文化センター訪問から気になったことは、ドイツもフランスも、ロシアもインドも、公費留学で自国に学生を呼ぶ場合には、自国の言葉を学生に課していることだ。グローバル化のなかで日本の事情を英語で伝えるのも意味がないとは言えないが、せめて日本の税金を投入する公費留学にあっては、留学生に英語でよりも日本語で学んでもらうことの方が大事なのではないか。文化大国のひとつである日本としては、そうすることが国際標準なのだと考えられる。

名古屋大学の日本法教育センターの取り組みは、日本の海外への文化事業と日本語普及に多くの示唆を与えてくれる。

進化するビジネス教育

この本のテーマは、ウズベキスタンの人材育成が中心なので、やはり、われらの日本センターの話で進めていきたい。

タシケントにやって来て、一年くらい経過したころ、どうも、ものごとがバラバラ動いていて、全体としてどのような形をとるようになっているのか、見えないことを感じていた。もちろん、看板のＰＭＰコースの実施についてはかなりわかるようになっていたのだが、それ以外の部分となると十分とは言えない。しかし、それも毎日のオペレーションから少しずつ理解できるようになってくる。

ある日、ビジネス班のグルノラ主任が私の部屋にやって来た。彼女は、仕事に脂がのっている三〇歳代後半の年齢、日本の東北大学の博士号をもっている。日本語はある程度理解できるようだが、私とは英語で話している。

「おはようございます。状況報告ですが、四月には、ジュニア・マネジメント・プログラム（ＪＭＰ）を行なえるようにいま準備をしています」

「ちょっと待ってください、ＪＭＰなんて聞いたことがないのだけど、それはなんですか」

「そういうこともあるだろうと思って、報告に来たのです。それで、ビジネス経験のあまりない若い人にも、ビジネスを学ぶ機会を与えようと考えたコースです。二か月のコースですが、教室が空いている時期を有効活用する面もあります」

「クラスの定員は」

「二〇人程度を想定しています」

「予算、先生、内容等々は、決まっていると思うのですが、東京の本部は、このことを知っているのですか」

「このコースの実施については、すでに年度計画に入っていて、専門家のOさんから東京の本部に連絡が行っています」

「今は、予算の確保だけの段階、新コースは、計画に入れていても、それだけで動かすことはできないと思います。それで、クラスを始めるのだとしたら、コース概要はありますか」

「まだ、つくってはいません」

「東京が知っているにしても、コース概要は必要なので、一、二枚の紙にまとめてくれませんか。それでもって、私から東京に相談します」

ジュニア・マネジメント・プログラム（JMP）第１回卒業式

なにも知らない所長だと思われているのかもしれない。それでも、私が知らないのに、東京が知っているはずがない。

私には、こうした新しいコースがどのようにできていくのか、とりわけ、だれの発案なのかに興味があった。それは、日本側、ウズベク側いずれかの一方的な発案で進んでいくのか、それとも双方が話し合って決めていくのか、どちらなのだろう。両国の共同プロジェクトなので、協働していることが大事だと私は思っているので、質問してみた。

「ところで、このＪＭＰのアイデアは、そもそも、だれから出たのですか」

「一年以上も前に、ローカル講師のイリーナから出たアイデアです」

「それは、専門家のＯさんにも話してありますか」

「イリーナの提案から、事務方の私たちとＯさんとの間で考え準備を進めてきました」

どうやら、協働の形でＪＭＰができあがりつつあるようだ。グルノラは、日本的な根回しの感覚も心得ている。また、募集や先生の手配等々、コースの運営は彼女を中心に回っている。

ついでながら、五〇歳前後の年齢と思われる、このイリーナ先生についてふれておきたい。彼女は、われらのセンターではビジネス・プランニングの演習を担当している。

ＰＭＰコースはもちろん、ブハラで行なったセミナーでも、彼女の教え方がうまくて、参加者からは絶賛されたと聞いている。もっとも実際には、あまり参加者が集まらなかったとも聞いている。理由は、日本人講師がやって来るのを聞くと、それだけで参加者が集まるが、ローカルの講師だと、あまり興味がないという単純なものだ。ウズベキスタンでは、日本のもの、日本人と言えば、神話に近い信頼感があり、われわれ日本人にはとてもありがたい。だが反面、少数ながらも参加者は、先生のセミナーに魅せられたのだから、盲目的に外国のものがいいと思い込むのは、灯台下暗しとしか言いようがない。

それにしても、イリーナ先生の活躍がすばらしい。ウクライナ系の小柄な彼女の要領を得た話しぶりから、講義での話も参加者の関心をひきつける。彼女と英語で話したことがあるので、私も一応わかっているつもりだ。

彼女の活躍ぶりだが、年一回行なわれる同窓会のときのこと、これには一五〇人くらいの卒業生が集まってきた。私のあいさつのスピーチのあと、参加者がグループに分かれるというひと工夫が加わる。テーマは「ビジネス・コミュニケーション」や「最近のマーケティング」といった計一〇件、ここでは、卒業生各人が希望するテーマのグループに参加、活発な報告や討論が行なわれた。もちろん、この企画と推進にはイリーナ先生がかかわり、テーマやグループ・リーダーを選ぶなど彼女のアイデアがふんだんに活かされていた。

このように毎日のオペレーションのなかで、ひょんなことから、ローカルの看板教授イリーナ先生のことまでわかってくる。

さて、新コースのJMPの後には、しばらくして、またしても新しいコースのTOTが加わった。国際協力の現場に行くと、国際協力の人間ですらわからない言葉に出会ったりするが、TOTと突然言われると、ほんとうになんのことかわからない。そう、TOTはTraining of trainersの頭文字からきていて、文字通り「先生を訓練する」コースだ。そして、二〇一〇年の秋口には、ビジネス教育の先生を育成する一週間のTOTコースが初めて行なわれた。わずかに一〇人程度の参加者で、多くは先生志望のビジネス・コンサルタント。これも通常のPMPコースの合間を縫って行なわれる。もちろん有料で、授業料は参加者負担であることには変わりはない。これまでは、ＰＭＰコース卒業生のなかでも、何人かのＰＭＰコースの先生を確保してきたが、ＴＯＴコース出身者のなかから、われわれの講師を輩出できることにもなる。

考えてみれば、これまで述べてきたように、通常のビジネス・コースを中心に、上級コースだの地方のコースだのと日本センターのビジネス学院の内容がじょじょに充実してきて、果ては、ローカルの講師育成までも手掛けている。これらさまざまなコースを整理するとつぎのようになる。われらのビジネスの教育体系であり、一〇年近く行なった日本とウズベキスタン両国の活動、また進化の足跡でもある。

①　ＰＭＰコース（いわゆるレギュラーの五か月コース）

実は、このコース実施にあたり、事前勉強にプリ・コースを併設している。ビジネス数学、経済学、プレゼン方法、会計、エクセルの五科目を苦手意識のある参加予定者向けに用意している。このプリ・コースを入れると、六か月コースともいえる。

②　卒業生向けの上級コース（毎月一回のペースで、三〜五日のコース）

③　一般向けビジネス・セミナー（卒業生を対象としない一般向けの一〜三日程度のもの）

④　ブハラ等地方都市でのビジネス・セミナー（右に同じ）

⑤　ＪＭＰコース（ビジネス経験の少ない若者向け二か月コース）

⑥　ＴＯＴコース（一週間程度の講師養成講座）

ＪＭＰの参加者を募集しているときのことだ。日本センターの各種教室に来ている数人から、「所長さん、今度の新コースにはとても興味があります」と声をかけられたものだ。日本センターに出入りしている人たちだからということもあるが、私にはむしろ、新設のJMPがタシケントの若者の間で大きな話題になっているのではないか、このコースはかなり注目を浴びているのではないかと思い、ひとり手ごたえを感じていた。

静かな熱血日本人講師

現地の講師が活躍する一方では、もちろん日本人講師の大活躍もある。

ビジネス学院の看板は、日本のビジネスの実際を教えることであり、その大事な部分は日本人専門家にお願いしている。そして、五人の専門家が約一週間の短期出張で三月と八月にそれぞれタシケントに来られ、セミナー講師をお願いするのがパターンとなっている。

私は、専門家のおひとり、「マーケティング」を担当されている藤田忍先生の講義を一度聞かせてもらったことがある。大手化粧品会社のマーケティング部で長きにわたり勤務されたキャリアの持ち主の講義はなににもかえがたい。ゆっくりとわかりやすい言葉で話す口ぶりは、学生をひとときも飽きさせない。講義の通訳には、日本語の堪能なブラット氏が即座にロシア語にしていく。講義は、たとえば、藤田先生と参加者とのやりとりでつぎのように進んでいく。

「みなさん、今日は価格設定の話です。さて、私の手元に水のペットボトルがあります。ペットボトルの新製品を出すとき、どんな価格設定をしますか」

参加者のひとり。

「安いほうがいいに決まっていますよ」

「そうですね、水のボトルであれば、安い方が売れるのかもしれませんね。ある新製品、化粧品でもトイレタリーでも何でもいいのですが、採算がとれる水準まで安くすることはあるでしょうね。ほかに意見はありませんか」

参加者全員。

「……」

「でもね、ひょっとしたら、新製品の販売が短期間で終わってしまうかもしれない。あるいは、長期にわたり売れていく製品かもしれない、高い価格の設定だってありうるのです……」

このようなやりとりが講義時間中ずっと続く。もちろん、このあとも内容がどんどん深くなっていき、これがコース参加者の心をつかまえて離さない。この講義はＰＭＰコースのことだが、彼らが卒業した後も、卒業生向けコースで学ぶチャンスがある。その一環で藤田先生の「上級マーケティング」の講義がアナウンスされると、たちまち卒業生からの参加希望が殺到する。

先生の人気は、それだけではない。講義のうわさを聞きつけ、現地のある有名財団の主催する「青年のキャンプ」でも話をしてほしいと頼まれる。休みの日でもお断りされないのが先生らしいところだ。

藤田先生の東奔西走の活躍は枚挙にいとまがない。

「先生、今度日本の企業と一緒に繊維の工場を稼働させたいのですが、関心のある日本の企業はみつかるでしょうか」

「先生、日本の医療機器を手に入れたいのですが、どれも高価なので手がでません。協力してくれる日本の会社はないでしょうか」

「先生、ウズベキスタンでマラソン大会を開催し、日本から観光客のランナーを呼びたいと思うのですが、日本の旅行会社は協力してくれるでしょうか」等々。

　先生のタシケント来訪は東京からの出張ベースだから、一週間や二週間程度の短い滞在期間となる。だから、相談にやって来るウズベキスタンの人がアポイントを押さえてしまう。私も、ウズベキスタンのビジネス事情を聞き出そうと思うのだが、先生のアポイントとりは、たいへん。それでも、タシケントに出張で来訪されるときには、食事をしながらお話を聞かせてもらった。

　ビジネスの話は、国の姿形とも重なる。先生との話ではよく、この国でとれる大きなサイズのスイカとメロンに及んだ。

　毎年六月ころになると、あちこちの道路端で何十個ものスイカが並べられ売られている。また、しばらくするとメロンも同じように並べられる。どれも大きく

藤田先生の「上級マーケティング」講義

甘くてとてもおいしい。もちろん道路端だけでなくて、ローカルの市場（バザール）に行けば、ごろごろと並んでいる。日本からの農業の専門家に言わせれば、一日の昼と夜の温度差がかなりあるので、それがいっそう甘みを強くしているのだという。値段は、一個が一ドルくらいだから、日本円で百円もしない。よほどおいしいのか、お土産に、空港では手持ちの荷物で飛行機にのる人をよく見かけるし、われわれ日本人でも、土産に日本にもっていけないかと真剣に考えてしまうくらいだ。

それならば、日本に輸出すればいいのではないかとも思えるが、しかし、藤田先生によれば、そうかんたんではない。

日本に輸出しようと思えば、原産地証明や品質証明などが求められるからだ。極端な話が、とれた畑がどこで、畑の土の成分がどうで、使った農薬や肥料が何だったのか、きちんと報告しなければ、日本への輸出は実現しないのだそうだ。これをクリアするのは、日本税関の手続きをよく知っていることが必要となるが、実際にはこれに適合させるのが、むつかしい。私も、日本センターで日本語を勉強したことのあるウズベキスタンの人から、一定の土地を確保して、メロンの栽培に乗り出したと聞いたが、日本への輸出が始まったとは今なお聞いていない。

この国の産物はほかにも、レーズン、アンズ、アーモンド、クルミ等のドライフルーツがあるのだが、日本向け輸出はどれも成功していそうにない。むしろ、トルコに輸出され、そこで加工されてトルコ産と称して日本に輸出されるという話まで聞く。ウズベキスタンから日本への輸出で一番額の大きいのが金（きん）だとされるが、ウズベキスタン政府の大手企業の取引であり、中小企業にはそれも無関係。それで、人件費の安いこの国でなにか製造することはできないか、できた製品を日本やそのほかの国に輸出することはできないか、と先生は考えを巡らされる。もちろん、日本全国の知り合いの企業にも、可能性があると見ればウズベキスタン進出を勧めておられる。

こんなこともあった。

日本との貿易が困難な原因のひとつに、日本の銀行の進出がないことだ。もちろん、送金などは他の銀行を通じて可能なのだが、スムーズにいかないことが多い。そこで、二〇一〇年五月にＡＤＢ総会がタシケントで開催された際、先生から「米田所長、日本の銀行協会の会長が来られているので、この国へ銀行進出をお願いに行きませんか」との話があり、二人でお願いに行ったことがある。私の立場からすれば、コース卒業生のビジネス環境を整えることが大事だし、日本の銀行に来てほしいという思いは同じだ。

話が少しそれるが、日本センターは、日本企業の進出にあたり、要望があれば現地の情報提供を行なっている。もちろん、われらのセンターで情報収集がむつかしいときには、日本貿易振興機構（ＪＥＴＲＯ）の事

バザールのスイカやメロン

務所にも相談し密接に連携している。そして、これだけは言えると思うのだが、もしなんらかの取引がウズベキスタンと日本の間で進んでいくとすれば、そこには、ほぼ必ずと言っていいほど、JETRO事務所とわれらのセンターが情報提供をしていると言っていい。そして、そこには藤田先生のアドバイスがある。

ウズベキスタンには、PMPコースや日本語教室の卒業生という日本センター育ちのビジネスマンがたくさんいる。日本からの進出企業があれば、彼らにぜひ声をかけていただきたいと思っている。しかし、日本からの企業進出は、ここ数年あまりない。

私は、いちど藤田先生に聞いてみたことがある。

「先生、なかなかビジネスの実が結ぶのはむつかしいですね。むつかしくても、なぜ先生はそんなに手助けを惜しまないのですか」

「うーん、たしかにこの国でのビジネスはむつかしい。でもね、若い人たちの熱意に動かされるのです。それに、はじめて来た五年前はそうでもなかったのですが、それでも教えているというのは、やはり私はこの国が好きなのでしょうね」

私は即座に、明治期に札幌農学校に招かれたクラーク博士の「ボーイズ・ビー・アンビシャス（少年よ、大志を抱け）」のことを思い浮かべた。そう、藤田先生は、クラーク博士のようなキャッチ・フレーズこそないが、実践的理論と行動力でビジネスの分野のクラーク博士の役割を果たしておられるのではないか。しかも、先生の言葉は淡々としていて見たところ冷静だが、そのひとつひとつの言葉の集積がいつの間にかウズベキスタンの青年を熱くしている。

二〇一〇年八月のある日、藤田先生の「特別講義、上級マーケティング・セミナー」に、三〇名くらいの卒業生が参加していた。そこに当時の岡田克也外務大臣が視察に来られ、藤田先生には労をねぎらい、参加者には励ましの声をかけていただいた。

私も、日本センターを盛り上げていただいた日本のクラーク博士に感謝したい。

希望に輝く卒業生の顔

日本センターの仕事をしていると、毎日といわないまでも、催しが結構あって、ばたばたと日々が過ぎていく。

そのなかで、とくに気になったのが、すでに述べたPMPコースの卒業式だ。私が初めて出席したのが三月のある日だった。そのときは、とにかく、所長の役割として式をきちんと終わらせることに神経を傾けるだけだった。この卒業式は、半年に一回行なわれる。だから、その半年後の一〇月にまたしても、その機会がやって来る。私が言いたいのは、日本センターにとっては年に二回もやってくる催しだけれども、ビジネスPMPコース卒業生にとっては、卒業式は少なくとも一生涯で心に残るひとつのシーンになっていることだ。もっと言えば、わずか半年の勉強なのに、胸がいっぱいになるほど、彼らは一生懸命、勉強に励んだということになる。

話はそれるが、私には、開発途上国から日本にやって来る研修生の修了式に出席したことが何回もあって、こうした卒業式への出席は慣れているはずであった。思い起こせば、名古屋のJICA中部国際センターでは、研修コースが修了すると、所長の私が修了式のあいさつを行なった。そこでの修了生は、ひとつの国から通常一～二人の出席者だから、ひとつのコースで一〇人あまり、いつもこじんまりしたものだった。彼ら

PMPコース卒業式

は、約一カ月のコースが終わると、それぞれの国に帰っていく。お互いに知り合った研修生同士、日本の講師陣とのお別れが待っている。それぞれが日本で学んだことや思い出を胸に帰国していく。先生や他国の研修生との別れはさみしいけれども、コース修了の喜びもひとしおだ。

話はもう少し飛躍する。ＪＩＣＡによる、戦後のこうした日本の研修事業は、途上国全体に大きなインパクトを与えたのではないかと私は思っている。年間の実施コースは、農業、教育、医療、鉱工業、さらには環境などの分野で多いときは三〇〇〇を超え、今でも二〇〇〇を超えているものと思われる。それらは、日本の国内各地のＪＩＣＡ国際センターを通じての地方の国際化に貢献したのはもちろん、他方では、とくにアジア全体に及ぼしたインパクトがかなり大きかったのではないか。

ＪＩＣＡ中部国際センターに勤務していた二〇〇七年のある日のことだ。タイの教育省の中堅幹部三名が、センターを訪問したいと言ってきた。自国の大学生を数十人連れて日本にきているので、あいている時間を利用して、国際センターを訪問したいという。タイ教育省の人がせっかく訪問したいと言っているので、断る理由はひとつもない。だから私は、来てもらって、いろいろな話を聞かせてもらうことにした。

最近では、タイにも国際協力を行なうTICA（タイカと発音）という、JICAのような機関ができている。だから、訪問は国際協力の方向性を探っているのかもしれないとも思ったりしたが、彼らとの話から、どうもそんなことでもない。それで、よくよく聞いていると、いずれの幹部もかつて日本でJICA研修を受けた経験があり、せっかく日本に来たのだから、国際センターを訪問してみたい、と思ったのだそうだ。だからといって、彼らがこの名古屋の国際センターで研修を受けたのでもなく、同じJICAでも別の国際センターだったという。それでも、彼らは国際センターに行ってみたいというのだから、その昔研修に来たころを思い出すセンチメンタル・ジャーニーのような感覚だったにちがいない。ともあれ、彼らの訪問から、私は、この人たちのことは日本にとって大切なことではないかと思いながら聞いていた。

どういうことか。

JICAは、主に開発途上国の国づくりの担い手である役所の人たちを研修生として受け入れてきた。強調したいのだが、招かれたのは途上国の役所の人たちが中心だった。アジアについて言えば、古くは東南アジア、少し時代が下ってメコン地域の各国公務員が研修生として招かれている。さらには近年では、中央アジアの役所の人たちの研修がよく目につく。

おそらく、タイ、インドネシア、シンガポール、フィリピン、そしてマレーシアのような旧アセアン五か国あたりの中央官庁には、日本研修を終えた人たちがかなりいるはずである。JICAでは、多いときで年間一万人を超す研修生を受け入れ、その多くがアジアの国からだった。ということは、東南アジアの国のどこの省庁に行ってもかなりの人数の日本研修組がいるはずであり、そうした人たちがこれまでの自国の近代化やグローバル化に大きな役割を果たしたのではないか。東南アジア各国の高い経済成長が普通になった今日、このような研修を通じて日本の政府開発援助が大きく寄与しているにちがいない。このことを証明するには、学者先生の研究に待つしかないが、これはおそらくまちがっていないと思う。

長々とＪＩＣＡの研修事業について述べたが、ウズベキスタンのＰＭＰコースの意味を考えるのに参考になると思ったからだ。話をもどしたい。

われらのＰＭＰコース卒業生は、半年間で七〇名にもなることはすでに述べた。その卒業式では、私が一人ひとりに卒業証書を手渡す。女性は思い切り着飾っていて華やかだし、どの顔も輝いている。男だって、晴れやかな顔をしている。名前が呼ばれると、立ちあがって、前方ひな壇前に向かって歩き始める。立ちあがったときから、同僚ほかからの拍手が湧き起こる。そして、卒業証書を受け取ってから、自分の席に戻るまでの間、拍手は鳴りやまない。そして、なりやむ間もなく、今度はつぎの人の名前が呼ばれる。こうして、会場全体が大きな拍手で包まれ、それが最後の卒業生まで延々と続く。

日本国内の研修事業で経験したことのないほどの大きな卒業式だ。

卒業式では、成績優秀者上位三人までの特別表彰があるが、昼間と夕方の二コースがあるから、六人がその受賞者となる。

それにしても、卒業生七〇名は、日本で研修を受けたのではない。タシケントにあるＰＭＰコースに、自分で応募し、入学試験を受けて合格し、授業料を払い、半年間にわたり熱心に授業や演習に参加した人たちだ。

彼らの大半が中小企業で仕事をするかたわら、ビジネスの勉強に日本センターにやって来た人たちだ。学んだビジネスを自分の仕事に生かそう、将来の起業を目指しその知識を得たい、と希望をもって頑張ってきた人たちなのだ。

もちろん、日本の「カイゼン」、「ジャスト・イン・タイム・システム」などの意味内容は、彼らの体のなかにしみ込んでいる。おそらく、「ビジネス・プランニング」のスキルは、この国で一番のレベルだ。答辞を読む人たちは、「日本の協力に感謝」、そして「対外経済省のバックアップに感謝」と心を込める。ときには、卒業生から感謝を表す絵画などがセンター所長の私に手渡される。

ここで私は、いったい何を言いたいのか。

先に述べたように、途上国から日本にやってくる研修生は、日本の技術や考え方を直接学ぶことができる。しかし、タシケントでは、日本に行かなくても、日本のビジネスを学ぶことができる。直接の日本研修ではなくても、日本的経営を学んだタシケントの講師、そして日本人講師から、いやというほど日本型ビジネスを叩きこまれる。それも、一〇人や二〇人ではない。この卒業式は、七〇人もの受講者が巣立っていく瞬間なのだ。

が、卒業させたというだけで、それがどうだと言われるかもしれない。

プロジェクトとしては、一定数の卒業生にビジネス・スキルを教え込んだことだけでも、大きな成果と言えるかもしれない。しかし、開発プロジェクトは、それでとどまるものではなく、社会的経済的な成果や変化が伴なうものでなければならない。そう考えれば、卒業生はウズベク社会への投入（インプット）でしかない。彼らが卒業して社会で活動することで初めて、生産量や取引量の増加、また、彼らの給料の増加などの社会的経済的な成果（アウトプット）が出てくる。中長期的には、よりよい社会経済の変化（インパクト）が期待される。

東南アジアの研修生が近代化やグローバル化を促進したように、ウズベキスタンの日本センター育ちのビジネス人材が成果やインパクトを出していくのは、これからなのだと思う。

ジョブ・フェアが開催される

穏やかな秋の日差しから、いつの間にか、落ち葉とともに一挙に冬がやってくる。どうも、この国は、ベスト・シーズンの春と秋が短くて、夏と冬が長い。

それから、すでに述べたように、冬は、どんなに寒いかと思って来たのだが、マイナスになっても五〜六度で、何十度といった極端に寒い気候ではない。寒い日は、ここでも、土地の人は十二月五日から二月五日までの四〇日間を「大寒の時期（チッラ）」と呼んでいる。

さて、寒い冬のさなかでも日本センターの活動はやまない。

年が明けてまもなく、ビジネス班主任のグルノラが私のところにやって来た。

「所長、一月一五日に卒業生が主催する『ジョブ・フェア』があります。Ａクラブが主催しています。出席してください」

日本センターがそれほどかかわらなくても、卒業生たちだけで、同窓会を作り、社会的な活動を行なっている。この同窓会は、ＰＭＰコースが当初Ａコースと呼ばれていたことから、「Ａクラブ」と名付けられている。

「場所は、どこですか」

「隣のビルのインターコンチネンタル・ホテルです。その一階のクリスタル・ボール・ルームで行なわれます」

「求人希望の会社はどれくらいですか」

「およそ七〇社です。希望する会社がブース（お店）を設けます。このうち三〇社が私たちのPMPコース卒業生の関係する会社です。それで、求職希望の人が、それぞれの会社のブースでその会社の仕事や求人ポストについて話を聞くことになります。求人会社と求職者の話がうまく行けば、就職が成立します」

私は、ジョブ・フェアというのをまだ経験したことがないので、どんなことでも聞かなければならない。

「どれくらいの人がやってくるのかしら。就職が成立するケースは多いのかな」

「主催者のAクラブの会長に聞かなければわかりません。同窓生が一生懸命やっていますので、私たちは、できるだけ支援することが必要だと思っています」

「で、その日には私は、なにをすればいいの」

「当日の朝一番、あいさつのスピーチをお願いします」

私は、相変わらず、ことの大きさを測りかねていた。卒業式のときと同様、催しには出てみなければ、わからない。ローカル・スタッフから、「前回は、何百人もの人が殺到してすごかったんです」とか、「前回は、就職のケースが何件くらいあって、成功だったんです」と言ってくれればいいのだが、彼らにとっては、とにかく事務的に進めることが仕事で、ましてやどのような結果が予測されるのかまではむりな話だ。反対に私には、日本向けに、ビジネス学院の運営から多くの成果が出ていることを報告しなければならない役目がある。ことの大きさは、実際に出席して、私の方で感じていくしかない。

ジョブ・フェアの当日、一〇時半の開始だが、私は、三〇分ほど早めに行って、会場の様子をうかがうことにした。ホテルの入り口のところに、なにやら人の黒だかりができている。Ａクラブのひとりに聞いてみると、まだ、開場していないので、寒い外で皆さんは待っているのだという。こういう人たちを横目に、私は先に会場に入っていった。

ブース出店には、タシケントの旅行会社、ジュース・メーカー、ビール会社、チェーン・レストラン、インターネット会社など多彩だが、タシケント市役所の就職あっせん部門も出店している。会場内を見て回った。ビール会社のカールズバーグは外資系だが、その部長のひとりと知り合いになり話すことができた。

「うちの卒業生をぜひ採用してください」

「わが社は、ビジネス・コース卒業生二人をすでに採用しています。いい人がいれば、これからも採用しますよ」

ＰＭＰコースの卒業生の活躍先は圧倒的に中小企業なのだが、こうした大手企業にも、少しはわが卒業生がいるので、うれしい限りだ。

Ａクラブの会長マイケルとも話すことができた。

「タシケントでは、この種の催しものは、よくあるのですか」

「いいえ、Ａクラブ主催のこの催しをおいてほかにありません」

これは、大きな情報だ。タシケントで唯一の催しものだとしたら、全国的にみても、唯一ということになる。そんなたいへんな催しを、日本センターが育てた人たちだけで実施できるようになっている。

「過去何回くらい、やっているのですか」

「これまでに二回、今回で三回目となります」

「たくさんの求職者のようですが、ＰＭＰコース出身者だけではありませんよね」

「これは、タシケント全体を見込んだ催しです。PMPコース出身者だけではありません。われわれは、このところ、新聞やラジオで開催の宣伝を行なってきました」

　新聞やテレビを使って、一般の人に呼び掛けているのだから、主催は卒業生のAクラブであっても、むしろ、求職者は一般の人たちが中心となる。

　開場のあと、多くの人たちが広い会場に流れ込んできた。私の見たところ、五〇〇人くらいにはなっている。さっそく、マイケルに聞く。

「今日は、Aクラブ執行部としては、どれくらいの入場者を見込んでいるのですか」

「一五〇〇人くらいだと思っています」

　どうも正確な求職参加者数はつかんでいなかったようなのだ。その後の二〇一一年の年明けにもジョブ・フェアを行ない、ここではやっと参加者を数えるようになった。それによれば、およそ四千にのぼる人が集まったという。

ジョブ・フェアでの開催テープカット

ビジネス・コースで多くの卒業生を出し、彼ら自らが社会的活動を行ない、そしてその輪をまた広げている。こうした活動はマクロの数字にあがることはないが、開発プロジェクトのインパクトのひとつだといっていい。

日本の、ＪＩＣＡの技術協力で育った人材が活動の輪をどんどん広げている。

第7章　平和の国、ウズベキスタン

なぜ「平和」がキーワードなのか

このあたりで、少し目先を変えたい。

前章までは、日本センターの運営を通じて、ウズベキスタンとの国際協力や文化交流がどのようなものかについて述べた。とくに、国際協力で行なっているビジネスのPMPコースについては、社会的経済的な観点から、プロジェクトがいかにうまく機能し納得のできる成果をだしているのかを述べた。

ところで、一般論だが、正当性が証明されても、プロジェクトを始められないことだってある。社会的経済的なプロジェクト固有の状況判断だけでなくて、プロジェクトを取り巻く社会背景を考慮しなければならない場合があるからだ。このことを開発関係者は、「外部条件」とも「外部要件」とも言って、さもむつかしそうな言い方をする。しかし、ことはかんたんで、プロジェクト活動をする以前に備わっていなければならない条件のことで、たとえば治安問題はない方がいいに決まっている。毎日の治安が悪くて、不安をかかえてのプロジェクト活動は、始められないことだってあるし、始めても止まってしまうことだってある。

また、治安問題を超えて、政治的対立などにより街頭行動が先鋭化すると、その国の社会自体が危うくなる。二〇一〇年四月から五月にかけて起こった、タイ・バンコクの街頭行動は死者までも出すにいたるが、これなどは大きな社会不安ともいえよう。これまでＪＩＣＡは、社会が不安定になると、派遣している国際協力専門家や青年海外協力隊を途中で帰国させたことがあるが、それは彼らの安全を考慮した結果だ。もっとも、今回のタイのケースでは、援助関係者を帰国させたとは聞いていないので、日本人を含む外国人に危害が及ぶとまでは判断されなかったと思われる。

考えてみると、日本センターの活動が順調なのは、ウズベキスタンにあっては治安問題や社会不安のリスクが小さいという背景があるからだ。タシケント市内で、スリや強盗、また爆弾騒ぎが頻発しているとしたら、どうだろう。働いている若者が夕方ビジネスや日本語を勉強しに来るのだが、治安が悪ければ、夕方の外出を控えるに決まっている。

九〇年代後半のことだが、私が訪れたことのあるケニヤの首都ナイロビでは、ＪＩＣＡ関係者は夜の外出は禁止されていた。やむを得ない外出でも、歩かないで必ず自動車を使うこととされていた。国際協力や文化交流には、このように治安問題の少ないことが求められる。

日本が途上国援助をするようになって久しいが、その援助機関のＪＩＣＡは、青年海外協力隊員や国際協力専門家、また開発プロジェクトの調査団など多くの日本人を海外に派遣して来た。場所はアジア太平洋、中近東アフリカ、また、中南米カリブといった発展途上の地域だ。治安が悪化して、小学校建設が行なわれなくなったアフリカの国ギニア・ビサオ（一九九七年）には外務省の判断もあり建設関係者の派遣を取りやめたし、同じように政治抗争から治安が悪化した大洋州のソロモン諸島（二〇〇〇年）では、ＪＩＣＡは援助関係者やボランティアを途中で帰国させている。ＪＩＣＡは、八〇年代から九〇年代にかけては基本的に、治安の極度に悪化しているとみられる国には援助関係者を派遣しなかった。

二一世紀に入ると九・一一同時多発テロ事件が起こり、これを境に、ＪＩＣＡは、宗派間の争いの激しいイラクや、エスニック間の対立の激しいアフガニスタンなど紛争のあるところでも援助や国際協力を行なわなければならなくなる。平和が確保されていないところを支援するのが「平和構築」だが、この新しい言葉ができたのもこの時期にあたる。

それでは、そうした危険な国でＪＩＣＡが開発の支援を行なうには、そのほかの途上国と同じような対策で済むのかというと、そういうわけにはいかない。聞くところによれば、アフガニスタンのＪＩＣＡ事務所は、その敷地と外部との間をかんたんに行き来できないほど治安対策が強化されているという。事務所員の住まいも事務所と同じ敷地内だとされ、また、たとえば開発プロジェクトの打ち合わせで外部に行く場合には、安全要員の同行が必要とされるくらいだ。途上国の支援の仕事ではいくら治安問題はつきものだとはいえ、後輩たちが困難に立ち向かいながらの遂行する様子を聞くと頭の下がる思いがする。

では、中央アジアのＪＩＣＡ事務所や援助現場はどうか。旧ソ連の中央アジアや旧共産圏のメコン地域などに日本の援助や国際協力が拡大していることはすでにみたとおりである。しかし、援助関係者であれば、そうした国や地域にも慣れているかというと、必ずしもそうではない。ウズベキスタン赴任にあたり、少なくとも私には、かなりの戸惑いがあった。

縁もゆかりもなかった国に赴任が決まったとき、とくに治安については、ほとんどイメージをもち合わせていなかった。いや、むしろ通常の開発途上国と同じようにある程度の治安問題はあるだろうと覚悟していたくらいだ。さらには、ウズベキスタンの南側は、アフガニスタンと接していることを考えると、そうかんたんではないぞ、と自分に言い聞かせていた。

ところがどうだろう、私がタシケントに実際に来てみると、多くの場面を通じて、そうしたマイナスのイメージがつぎつぎに払しょくされていくではないか。もちろん、外国の地であることから注意を払わなければならないにはちがいがないが、むしろ治安の心配どころか、いろいろな場面から、この国の「平和」の状況が見えてくるのだ。本章では、それらを報告したい。

辺境のデビス・カップ戦

話は前後するが、赴任から五カ月ほどが経った二〇〇九年五月八日(金)、私は休暇を取った。

その早朝、タクシーを借りきって、ナマンガンという町に向けて出発した。この町は、タシケントの東方三〇〇キロのところにある地方都市で、人口は約三〇万だ。同乗者はテニス仲間の小川さんご夫妻とJICA事務所の江尻所長、それに私の四人。いい歳をして、小学生が遠足に行くあの嬉しさを思い出していた。

私にとっては、タシケントから車で郊外に出るのは初めてのことだ。いつもは、タシケント市内だけをうろうろしている。それも、タシケントには旧市街と新市街があるのだが、新市街だけをうろうろしているのだから、なんとも私の行動範囲は限られている。遠足の気分になるのもむりはない。

約四時間の陸路は、物珍しいこともあり、思ったほど疲れなかった。途中はときどき未舗装の道路が現れ、スピードが急に落ちることがあるものの、時速百キロくらいで進んでいく。中央アジアだから砂漠が多いと思っていたら、緑が意外に多く、綿花畑なのだろうか、どこまでも広がっている。遠くには、天山山脈の一部と思われる山が横たわっている。富士山のようにひとつの山がどんと突っ立っているのではなくて、横に長いのだ。その山並みに沿って車が走る。

峠越えもあった。そこには検問所があり、運転手の手続きで二〇分ほど待つ時間があったので、車から降りて外の空気に触れてみた。雪が少し残り、冷たいので、ぴりっとする。

前置きが長くなってしまった。それにしても、なぜナマンガンに行くのか。

私は、この機会を逃すと、もうこのナマンガンには行くことはないと思った。この機会とは、デビス・カップの日本―ウズベキスタン戦だ。それにしても、デビス・カップがテニスの国際試合のひとつくらいであることは知っていたが、それ以上ではない。聞くと、世界をいくつかの地区に分け、地区内で国同士が戦い、勝ち残ったところがつぎのステージにあがって行くのだそうだ。地区内では、国と国とのチーム戦だが、今回はたまたま日本とウズベキスタンが対戦する。そして、その試合の場所が、首都のタシケントではなくて、そこから三〇〇キロも離れたナマンガンという地方都市なのだ。

私は、日本でもプロのテニス試合を観戦したことがない。また、選手にはどんな人がいて、だれが活躍しているのかもあまり知らない人間だった。しかし、そうこうしているうちに、日本からの出場選手は、全日本で優勝経験のある人たちばかりということがわかってきた。そして、伊藤竜馬、岩渕聡、杉田祐一、鈴木貴男といった超一流のテニス・プレイヤーが出場するということもわかってきた。

ただ、このウズベキスタンで、しかも、首都から遠く離れた町ナマンガンで対戦するというのだから、選手はなにかとたいへんだ。繰り返し述べているように日本人の多くは、中央アジアやウズベキスタンをあまり知らないし、また、興味を示す人がほんとうに少ない。そうだとすると、なにも好んで、日本から遠く離れたウズベキスタンに、それも首都からも遠く離れた、名も知らない町にやってきて三日間も応援する日本人などいるはずがない。これはまずい、と内心思った。応援する人がいなくては、選手もがんばりようがない。文化事業をも扱う日本センターの所長としては、それがスポーツであっても、やるべきことはやらなければならない、と勝手に思い、さっそく、差し入れ用のバナナを買いに走り、翌早朝にはこうして車に乗ることにあいなったのだ。

ナマンガン、どんな町なのだろう。まずは、着任後一週間のところで行ったブハラのような歴史遺産の土色のイメージを描いていた。しかし、いつの間にか市街地に入って来ると、どうも土の色ではない。あれ、ずいぶん垢ぬけた町だと感じ始めていた。季節柄か緑の多い町だ。町のなかを少し進んでテニス・スタジアムの場所を確認し、そこから車で五分ほどのところにあるホテルにチェックイン。

ホテルの部屋に荷物を置いて、折り返すように一一時ころテニス・スタジアムに到着、しかし、試合はすでに始まっていた。これを皮切りに、三日間にわたり、シングルスとダブルスの計五試合が行なわれる。

それにしても、ウズベキスタン選手の顔を見て、ここは、中央アジアの国かどうか疑った。多くが白人でロシア人としか思えない。ダストフといった選手の名前を聞くと、ますますロシア系の人だと思う。私は、タシケントに住んでいても、行き交う人々の顔を見ると、まだ行ったことはないのに、ロシアの町としか思えて仕方がないときがある。そして、ここナマンガンでも、テニスの試合を見ているかぎり、同じような錯覚を味わった。

それから、私には、テレビで見るテニスの試合とどうも様子がちがう。まず、選手の表情がアップになっていない。むしろ、会場全体が目に入ってきて、そちらの様子に気が取られる。会場全体は、ウズベキスタン、それもナマンガンの人たちの応援だ。一〇〇〇人近くはいるだろうか。この応援の人たちは、こんどは白人色のロシアの顔ではなくて、アジア的なウズベキスタンの人たちの顔だ。試合の途切れる合間に、何度となく、ウズベク・コールが沸き起こる。

「ウズベキスターン、ウズベキスターン、ウズベキスターン」

続いて、大人も子供も両手にもったペット・ボトルをたたく。音が大きく会場いっぱいに響きわたる。

「バタ、バタ、バタ、バタ、バタ、バタ……」

すでに試合が始まっていて、応援団のわれわれは出遅れてしまった。こちらも、四人しかいない応援団で、とにかく、いいボールが決まると、「パチ、パチ、パチ、パチ、パチ……」

意外にも、われらの少ない応援の拍手が会場に響き渡るではないか。効果的だ、しめたと思った。最初は、相手が失敗したときには、手をたたいていいのかどうか私はわからず、迷っているうちに、相手選手がミスしようが点が入れば、恥も外聞もなく手をたたくようになっていた。

応援したのかどうかわからないうちに午前の第一試合が終わってしまった。

午後、昼食から戻ってくると、今度は試合時間が変更になっていて、試合は遅れて始まった。試合時間が突然変更されるところなど、やはりここは途上国かと思ってしまう。あるいは、テニスの試合には、こうした変更はつきものなのか、私にはわからない。とにかくわれら四人は、どうも応援の声を出して手をたたかなければならない。われらしかいないのだから、手が痛くなっても止めるわけにはいかないこともわかってきた。生まれてこの方、こんなに存在感のある応援をしたことはない。

ふと見ると、バナナを持ってコートに現れた選手がいたので、ああ、やはり差し入れておいてよかったと思った。

ＪＩＣＡ所長の声がよく通る。

「イトー、いいぞー」

ウズベキスタン側の応援は、相変わらず賑やかだ。わずかしかないコート・チェンジのときもウズベク・コールが沸き起こる。

「ウズベキスターン、ウズベキスターン、ウズベキスターン」

審判が「静かに！」と制止するまでやまない。

このように、翌日も、そして翌翌日も同じようなパターンで試合が進んでいく。土、日の休みもあり、応援の日本人も一〇人くらいは増えた。三日目とも死闘ともいえる戦いが続き、結果は二勝三敗で惜しくも日本が敗れてしまう。こちらも、日本人だから、悔しい気持ちでいっぱいだ。しかし、選手は、スポーツで戦い、勝者も敗者もつぎの試合を目指して、笑顔で帰っていく。

中央アジア、ウズベキスタン、そして、小ぎれいな地方都市ナマンガン。ここは辺境でも何でもない。治安の問題もない。実に平和なところだと思った。

サッカー、日本―ウズベキスタン戦

このウズベキスタンという国は、日本ではほんとうになじみがない。しかし、この国が少しばかり日本にも知られる日がやってこようとしていた。この国でサッカーのワールドカップの地区予選が行なわれることになっていたからだ。それも、この対戦に負けると、本選に出場するチャンスが小さくなる。双方とも負けるわけにはいかない。

同じく二〇〇九年の五月になると、日本人の間ではもっぱらウズベキスタン戦が話題に上っていた。関係者の説明では、弾丸ツアーでやってくる日本人が二千人、あるいは三千人にもなるという予測があった。弾丸ツアーというのは、試合当日にやって来て、観戦が終わると一泊もしないで、そのまま飛行機に乗って帰国するツアー客のことらしい。せっかく、日本からやって来るのだから、すぐに帰らないで、サマルカンドやヒバを観光してほしいと思うのだが、弾丸だから、ひとつの目的が終われば、帰って行くのかもしれない。

問題は、一度にやって来る日本人を小さな空港ターミナルで、それも短時間で入国させることができるのかどうかだった。

入国手続きに時間が取られてしまえば競技開始に間に合わない恐れがあるというのだ。本書の冒頭で述べたように、とにかくこの国の入国手続きは、一筋縄には行かない。出国手続きだって同じようにスムーズに行えるのかどうか。出国が遅れれば、飛行機の出発も遅れる。出発が遅れるようでは、弾丸ツアー客の日本着も遅れ、弾丸の意味がなくなる。

もうひとつは、どれだけの日本人客がやって来るかだ。これは、試合の行なわれる六月六日の直前まで判明しなかった。これがわからないことには、入出国者数の大きさがわからない。それは、空港から一度に多くの観客をどのように運ぶのかに関係している。日本の関係者がウズベキスタン当局にそうした便宜を図るよう強く依頼していたとも聞いた。

それでも、私にとって問題は、手続きのことではなかった。あのヨーロッパでも、ことサッカー試合になると、フーリガンと言われる暴徒が現れる。日本のチームが負けるようなことになれば、そうした問題は少ない。しかし、万が一日本チームが勝つようなことがあれば、一部のウズベキスタンの人たちは、どんな行動に出るのだろうか、これが心配だった。

正直､私はこのサッカー試合の結果いかんによっては､日本人の間でけが人が多数出るのではないかと思っていた。ウズベキスタンの人たちには、申し訳ないのだが、着任から五か月の私には、そこまで信頼することはできなかった。だから、当日は、タシケント法科大学の学生の論文報告会への出席もあり、試合の応援には行かないことに決めていた。それに、日本国内でも、例によってテレビの観戦はあるけれども、プロのサッカー試合を実際に観戦したことがない。

さて、最初から観戦しないと決めていた私は、試合の結果を待っていた。日本のＮＨＫ国際放送によれば、一対〇で日本が勝ったというのだ。しかし、混乱があったとか、けが人が出たという話は、まったくなかった。後日、関係者に聞いてみると、三万人もの観客のうち千人程度が日本人だったという。日本人観戦者は、正面の観客席に集められた。それでは、試合の終わった直後の魔の時間はどうだったのか。

試合が終わると、タシケントの治安当局は、日本人の観客から先に会場を出す措置をとり、彼らは、整然と会場から誘導され競技場の外に出たのだという。その間、ウズベキスタンの人たちはどうしていたのかというと、試合が終わってもすぐに退場することができなかった。試合は負けたうえに、じっと我慢して日本人の観客の出場を黙って見ていたということになる。

こうしたやり方が日本側関係者の要請だったのか、先方の治安当局の判断だったのかは私の知るところではないが、少なくとも、先方が実施した治安対策だったことは明らかだ。何人の警官隊を配置したのか私は知らないが、後になって考えると、ウズベキスタンの国らしい整然とした対応だと思った。

試合の前後には、タシケントの町のなかを歩く日本人の若者の姿をよく見かけた。サッカー試合を見に来た人たちだということはまちがいない。

街頭では、警官の姿がよく目につく。サッカー試合が特別にあるからというわけではない。タシケントの街中では、一〇〇メートル、二〇〇メートルの間隔で緑の制服に身を包んだ警官が立っている。政府が治安対策に力を注いでいるのがよくわかる。

アフリカ、アジア、中南米など多くの町を訪れた私の経験からすれば、歩いてみて、こんな安全な町はないと思った。

長いお付き合いの福岡

日本からは、観光客が多くやってくることはすでに述べたが、その関連で、二〇〇九年七月のある日、電話連絡が入った。

「福岡ウズベキスタン友好の旅」団長の藤野達善氏からの連絡で、旅行者一行が夕方、ナボイ劇場のなかにあるレストランで「友好の懇親会」を行なうので、所長の私に出席してほしいというものだった。

ついでだが、この劇場は、タシケントにやって来る日本人にとっては、観光に必ず訪れる場所のひとつになっている。なぜかというと、第二次世界大戦が終わり、抑留された日本兵がこのナボイ劇場の建設に駆り出されただけでなく、この建物は、一九六六年の大地震にほぼ無傷で耐え抜いたことで、日本人が作るものは優れているという日本人神話がタシケントで広がったからだ。

レセプション当日の夕方、私がレストランに行くと、五〇人はゆうに超えるとみられる人たちが集まっていた。一〇人あまりの福岡の旅行者一行のほか、福岡に留学したことのあるウズベキスタンの若者一〇名あまりが加わっている、食事が始まると、旅行者代表、日本国大使、ウズベキスタン外務省の日本課長、タシケント東洋学大学の関係者、ブハラ大学関係者等々からつぎつぎに、一言ずつあいさつがあった。

スピーチには日本語からロシア語、反対にロシア語からは日本語への通訳が入るが、すべて福岡への留学経験のある一人の若者が行なう。どうも、福岡では、毎年数名の人をホームステイという短期の留学生を受け入れている。それも、すべて福岡の団体の招きだという。日本もかつてそうであったように、海外への渡航や留学のチャンスは多くないが、福岡にウズベキスタンの若者を招くことで、彼らにどれほど希望を与えてきたか想像に難くない。そして、毎年一回だが、福岡から旅行者一行がやって来るたびに、このように福岡に滞在したことのある若者が集まる。

何人かのスピーチにじっと耳を傾けていると、福岡県とウズベキスタンの関係がもっと浮き彫りになる。一九九五年、タシケント国立東洋学大学の学生を短期留学で受け入れて以来、一三年間の留学生は計五〇名近くにもなっている。また、福岡からこのシルクロードのウズベキスタンに友好親善の旅行でやって来た人は、二五〇〇人を超えている。

目を転じると、同じテーブルに、大学の先生風の、もの静かで穏やかな感じの人が座っていた。七〇歳代半ばか。この人と名刺交換をさせてもらった。キムという名の朝鮮系の人で、タシケントに長く住んでおられるようだ。それにしても、日本の関係者がレセプションに参加している意味はわかるのだが、しかし、日本福岡との親善レセプションなのにどうして朝鮮系の人なのかなと思っていた。

タシケント東洋学大学の菅野先生によれば、戦前は、日本統治下の朝鮮で住み、戦後はしばらくして北朝鮮からソ連に亡命され、このタシケントに落ち着かれたという。菅野先生の論文に、独立当初日本語のできる人は一人か二人しかいなかったと書かれていたので、後日聞いてみるとキム氏がそのひとりだという。そして、タシケント東洋学大学の日本語学科の創設に尽くしたのがキムさんだったというのだ。

少し時間は飛ぶが、年が改まって翌二〇年の五月、私はまたしてもレセプションに呼んでいただいた。あっというまに一年が過ぎ去り、また福岡一向がこられ、一年前と同じように関係者が集まっていた。一年の経過は、またしても新しい進展をもたらしている。なかでも井上靖の「遺跡の旅シルクロード」をロシア語に翻訳した留学生経験者の紹介があり、また、日本で歌手としてデビューした女性の歌が披露された。このように、福岡とウズベキスタンの長い交流から、多くの友好親善の成果がかたちとなって表れている。

それにしても、福岡の人たちは、なぜこんなにも長くウズベキスタンとつながっているのだろうと、つらつらと考えてみた。

ひとつは、旗振り役の強い意志だと思う。

菅野先生によれば、藤野団長は、レーニン夫人のクルプスカヤの研究をされ、ソ連の時代に調査でこの地域に来られたという。そのときに通訳をお願いしたのがキム先生で、以来お二人は長いお付き合いとなる。それにしても、藤野団長がレーニンの旅した跡を追っているうちに、レーニンとその夫人が一時的に滞在したとしか思えないウズベキスタンに何度も来るようになった。この国に魅了されたとしか思えない。

だから、ふたつ目は、日本人の心をとらえて離さない魅力のある国なのだ。

福岡からこの国への旅行は、一〇年以上も続いている。彼らの訪れるところは、例によってサマルカンド、ブハラ、そしてヒバとほぼ決まったところなのだが、それらが福岡の人を惹きつけて離さない。しかし、福岡の人たちは、それだけにとどまらず、先に述べたようにウズベキスタンの若者を短期留学で招待することまでやっている。この国や人々の魅力がどんなものであれ、その魅力は長く続いたお付き合いで証明されているように私には思えたのだ。

そして、最後の三つ目だが、重要なのは、福岡県がウズベキスタンとつながっている根底には、訪れるのに安全な国だからではないか。

考えてみれば、この国の南側の隣国にはアフガニスタンがある。この国は、国自体がばらばらで中央政府が十分機能していないだけでなく、復興も難しい。国境の向こうはそういう事態なのに、国境のこちらは、とりたてて問題はない。隣国のように、もし、ウズベキスタン側でも中央政府が機能していないとすれば、同じようなばらばらの事態に立ち至ってもおかしくはない。

ここではたと考えたのだが、これまで一三年も続いた交流は、もちろん今後も続いていくと思われるが、その前提にあるのは、旅行するのにきわめて安全なことであり、それは実に「平和」な国を象徴しているのではないか。

いかに強い意志の旗振り役がいたとしても、いかに魅力がある国だとしても、「平和」の基礎がなければ、長期にわたる継続的な交流はあり得ないと思う。

日本人抑留者の墓地

少しおいて、一〇月のある日、今度は、福島県ウズベキスタン文化経済交流協会からレセプションへのお誘いがあった。

こちらも、福島県一行の来訪を機に行われるという。出席してみると、招待客も一〇〇人は超えていて、三〇周年を祝う盛大なレセプションだった。ウズベキスタンと長く友好関係を続けているのは、同じ「福」が付いていても、どっこい福岡だけではなかったのだ。

福島県がウズベキスタンと交流を続けていることは、ときおり日本センターにお寄りいただいている協会理事長の宍戸利夫氏よりお話をうかがっていた。その際私の方から、なにか資料になるものがあれば見せてほしいとお願いしていたところ、しばらくして、「ウズベキスタン友好交流二十年の歩み」という一冊の本をいただいた。交流二〇年を記念する本が出版され、それから一〇年が経過しているということは、交流は三〇年も前から続いていることになる。だから、三〇周年なのだ。

福島も、多くの留学生をウズベキスタンから受け入れている。福島から一行が来ると、必ず集まって来るのが留学経験者であり、またスピーチの通訳も彼らが行なう。こうして、将来もウズベキスタンと福島県の交流が続いていく。

それにしても、福島県の交流はどのように始まったのだろうか。

一九七五年一一月に日ソ親善協会福島支部が結成され、このとき宍戸氏は、支部事務局長をされていた。その後数年してから、彼が初めてウズベキスタンを訪問する機会が訪れる。このころは、まだ、ウズベキスタンと直接交流するのではなくて、相手がソ連だったというのが時間の経過を物語っている。「二十年の歩み」には、つぎのような記述があった。

「一九七九年四月ソ連邦中央委員会の招待により、全国八名の社会党代表団の一員として、宍戸事務局長がソ連、そしてウズベキスタンを訪れ、ウズベク対外文化交流連合会のメンバーと会談、タシケント、サマルカンド、ブハラの各都市で交流を行なったのが協会とウズベキスタンとの交流の始まりとなっている」

宍戸先生について何も知らなかった私は、気楽にも、「協会の宍戸さん」とお呼びしていたのだが、「二十年の歩み」によれば、私の目の前にいる宍戸氏は、三〇年にも及ぶウズベキスタンとの交流を中心的な立場で進めてきたひとりなのだ。彼は、福島県のみならず、日本の国のレベルにまでも交流の輪を広げた、いわば交流功労者のおひとりなのだ。

当初の交流は、華々しいものだったにちがいない。

もちろん、今もそうなのだが、日の出の勢いの日本経済を背景に、国際交流にかける意気込みが「二十年の歩み」にあふれている。主だった交流の歴史を拾ってみよう。

一九八一年四、五月　ウズベキスタンから親善使節がそれぞれ福島に来訪、六月には、第一回親善交流団（三〇名）がウズベキスタンを訪問
一九八三年　「福島こけし会民謡舞踏研究会等（二四名）がウズベキスタンを訪問、同時にタシケントの日本人墓地にも案内され墓参」
（その後も、ほぼ毎年、双方の交流が続く）
一九九〇年五月　タシケント日本人墓地に「永遠の平和と友好不戦を誓う、鎮魂の碑」の建立除幕式を実施
一九九一年九月　ウズベキスタン独立
一九九三年七月　福島県ウズベキスタン文化経済交流協会の結成
一九九四年六月　佐藤栄佐久福島県知事のウズベキスタン訪問
　同年一〇月　アングレン日本人墓地「鎮魂の碑」除幕式
一九九五年一〇月　合同鎮魂碑除幕式
（この後も、毎年、双方の交流が続く。しかも、内容は、留学生の受け入れ、医師の交流、大学間の提携、選挙オブザーバーと交流の幅が広がっている）

ところで、交流協会が果たした役割のひとつに、日本人抑留者の墓地の整備がある。「二十年の歩み」には、一九八三年の墓参は「初めて」とあるが、福島親善交流団にとっては、「初めて」にしても、おそらく戦後、日本人による「初めて墓参」だったのではないか。活動は、福島県だけではなく

日本全国から募金を集め、さらには抑留経験者をも集めて親善訪問団を送り出すなど拡大している。

注目すべきは、アングレンの「鎮魂の碑」除幕式を率先して行ったのがこの協会だったことだ。この墓地には、一三三名の日本人抑留者が眠っているが、福島県出身は一名のみだったという。それでも、これほど積極的だったのだから、協会の意気込みが伝わってくる。

ところで、日本人抑留者といっても、若い人にはあまりなじみがないと思われる。どのような意味合いをもつものか、少し長いが、寺島幹雄氏の「抑留生活を偲ぶ」（『二十年の歩み』（一五二～一五三ページ）を引用したい。

「第二次世界大戦終結当時、我が国の軍人軍属六百六十万は海外におり、各地で連合軍の捕虜となったが、ポツダム宣言受諾によって五百八万人が祖国日本に帰ることができた。しかし、旧ソ連軍の捕虜となった約五〇〇〇〇人の病弱者を除き、六〇九、四四八人は

タシケント日本人抑留者の墓地

戦争行為の完全に終わった後に強制拉致され長期間にわたり賠償金の肩代わりとして強制労働に従事させられた。酷寒、飢餓、重労働の三重苦のなかで同胞が次々と倒れ、六一、八五五人の人々が異国の地で望郷の念をいだきながら死んでいったのである。

思えば、昭和二十年八月九日午前〇時、ソ連は正義の参戦と称して百五十万の極東軍が満州の東部と西部から国境を超え、また十日には朝鮮羅南を砲艦射撃し雄基や清津等の港から上陸、満州、朝鮮の全土にわたり怒涛の如く進撃を開始してきたのである。当時、私は豆満江河口にて国境守備の任にあたっていた。ソ連軍の激しい攻撃にあい、日本軍は多数の戦死者をだして退却、南下した。そして二十一日には平壌（現在の北朝鮮・ピョンヤン）で、ソ連軍の捕虜となり武装解除され、ここから抑留の暗い歴史が始まったのである……後で分かったことだが、ソ連国防委員会は日本人捕虜を次の如く配置する計画を決めていた。

▽バイカル、アムール幹線鉄道建設――十五万人
▽沿海地方――七万五千人
▽ハバロフスク地方――六万五千人
▽チタ州――四万人
▽イルクーツク州――五万人
▽ブリヤート、モンゴル――一万六千人、
▽クラスノヤルスク地方――二万人
▽アルタイ地方――一万四千人

▽カザフ共和国――五万人
▽ウズベキスタン――二万人」

ウズベキスタンには二万人の抑留者を予定していたようだが、宍戸氏によれば、実際には、二万五千人という数になったという。そのうち、八一二人がこの地で亡くなり、一三か所の墓地に埋葬されている。こうした事実を掘り起こした協会の力は実に大きい。また、九〇年代の前半、少しずつ日本人抑留者の墓地整備が進んで行ったのだった。時間がかかるのは仕方がないにしても、このような一連の整備作業が進んだのは、平和が保たれていたからだ。

私は、福島県の交流三〇周年の意味を考えていると、はからずも彼らが日本人抑留者の墓地整備に深くかかわっていたことに出会ってしまった。

毎年八月のお盆には、ウズベキスタン・タシケント日本人会が総出で墓参している。

地域コミュニティーは人間の安全保障

しばらくタシケントに住んでいて、なんとはなしに街並みを見ていると、あるひとつのことが目に付くようになった。それは複数の家屋の壁や土塀がずっとつながっていることだ。家屋によって色や装いが異なっているが、それらがたしかにずっと連なっている。道路からその長い壁や土塀が見えるのだが、それも、一、二か所だけではなく、ほとんどすべてがそうしたパターンの住居になっている。もちろん、一軒家の豪邸、市街地の並ぶビルなどは除かれる。

こうした状況は、日本にある住宅街と比べれば歴然としている。日本では、どんなに隣の家と接近していても、それぞれの家屋が塀で隣と一線を画している。ところが、ここウズベキスタンの都市部では、隣と仲良くやっているのか、少なくとも道路に面している部分は壁や塀でひとつにつながっている。

それにしても、なぜ、通り沿いにこのような壁や塀が続いているのだろうか。

壁や塀の向こうには、住居が連なっている。おそらく、五〇〇人を越えるくらいのコミュニティーにはなる。ウズベキスタンの人に聞くと、多くの興亡の歴史のある地域であり、「外敵から自分たちの村を共同で守る機能があった」という答えが返って来る。これがウズベキスタンで言うマハラ、あるいはマハッラ（Mahalla）という地域コミュニティーのようなのだ。

最初にこの言葉を聞いたのは、既述のとおり、シニア・ボランティアの池田氏だったが、ほかの場面でもよく質問をしてみた。国内旅行に出たとき、日本語のできるガイドからも聞くことがあった。私は、ガイドの彼にこんな質問をし、答えが返ってきた。

「マハラでは、お互いに助け合うことが多いのですか？」

「お互いに助け合っていますよ。食べるものがなくて、同じマハラの人にお世話になることができます。しかし、恩になることで、それ以上にお返ししなければならないという強い考えもあります」

また、タシケント法科大学の学生とはこんな問答もあった。

「マハラ内で近所や家庭内で争いがある場合には、マハラの長が仲裁などに入って円満に解決してくれるのでしょう？」

「まずは、マハラのなかで解決を図り、それでも難しい場合には、裁判所に持ち込むことになります」

「それでも、マハラの解決方法がなければ、裁判所だってたいへんでしょう?」

「そうですね、マハラのおかげで、多くの争いが円満に解決されているということはあります。離婚の問題も、そうして解決されることが多くあると思います」

「私は、ウズベキスタンの社会ではマハラの役割は大きいと思いますが、法律学を勉強しているあなたたちは、マハラの役割をどう思いますか?」

「マハラは一定の社会的な役割を果たしていると思いますよ」

法律を専攻する彼も、どちらかと言えば、マハラの役割を肯定的に評価していた。また、日本センターの日本語教員のサイフさんが、日本に留学するために教員を辞めることになった。その彼に聞いてみた。

「サイフさん、日本に家族を連れて留学するとなると、マハラを離れることになりますね。マハラに忠誠を誓う人からすれば、そうした外国行きはマハラのためにはならないのではありませんか?」

「いや、私は、むしろマハラのためにも留学することが大切だと考えています」

留学がどうしてマハラのためになるのかは聞きそびれてしまったが、彼なりには、自己とマハラとの深い関係を認識しているように見える。

私は、一度はマハラを見学してみたいと思っていた。普段の勤務からは、なかなか行けないのだが、私の帰国が迫る二〇一〇年一二月のある日、雇っているドライバーの案内で見に行くことにした。思えば、タシケントの旧市街に行けばどこにでもあるのがマハラであり、むしろ住宅街と言えば、それらのほとんどがマハラを形成している。だから、マハラの概観を見たからといって、具体的なコミュニティーの活動が見えてくるわけではない。また、ほんの昼休みを利用しての短い時間だから、十分話を聞くことなどできない。そ

喫茶店チャイハネの様子

れでも、訪れたこのラカット（Rakat）という名のマハラは、かなり大きな地域コミュニティーを形成している。

車から降りて、歩き始めると巡回から戻って来た警官一人に出会った。ドライバーが話しかけて聞いたところ、「約四千人もの住民がいるのに、担当する警官は二人しかいない」という。

少し歩くと今度は茶屋があり、そこに入ってみた。今風に言えば喫茶店だが、ウズベキスタンでは「チャイハネ」と呼ばれる。もちろん、レストランのような垢ぬけた感じはしないが、テーブルがいくつもあり、あるテーブルでは七人くらいがお茶を飲み、もう一つのテーブルでは三人が食事をしていた。茶屋といっても、お茶だけではなく、食事も出している。私の顔が見えたからなのか、店主のような人が寄って来て、お茶を勧めてくれる。一目で私がウズベキスタンの人間ではないというのがわかるようだ。要は、チャイハネは、どこのマハラにもあり、それは住民の集会所であり、一定の役割を果たしている。

昼間、住宅街を歩いていると、必ずと言っていいほど数名の老人が日向ぼっこをしているのに出会う。夏の夕方になると、なかなか陽が沈まないこともあり、小学生くらいの子供が大きな声をあげて遊んでいる。数人の老人は、その横でなに知らないふりをしながら、じっと子供たちの行方を見守っている。あるいは、子供たちよりも、よそ者が来ていないか、よそ者がどんなことをしているのか、これもなにくわぬ顔で様子を見ている。少なくとも、私にはそう見える。

このような光景を見ていると、どうも、マハラは昔の日本にあった村落共同体に似ているのではないか。日本では戦後の産業化にともない、とくに都市部では、そうした地域の人々の結びつきが希薄になっている。個人主義が前に出てくるようになったのだ。子供の誘拐、老人の孤独死、同じアパート内でも隣で死に追いやる児童虐待まで地域コミュニティーが十分機能しなくなったというニュースが絶えない。失われた地域社会の助け合いが必要だとだれもが痛感するようになっているのが今の日本だ。しかし、ウズベキスタンには、まだ助け合いが残っている。

人と人の結びつきは、なにもマハラだけの現象ではない。それは冠婚葬祭の場面で如実に現れる。結婚披露宴があれば、普通でも五〇〇人もの人が招待される。私も何度か呼ばれたが、その人の多さに驚かされる。葬儀の場合でも、とにかく多くの人がやって来る。知り合いのある政府関係者のご尊父がお亡くなりになったとき、私も参列したが、千五〇〇人は招かれているということだった。しかも、亡くなった直後だけでなく、それからしばらく経ってからも数回にわたりそうした儀式が開かれる。それには、「プロフ」というごちそうがふるまわれる。プロフ、なんのことはない、お肉そのほかがはいった米が主体の料理であり、日本で言う「ピラフ」のことだ。ピラフという言い方は、この中央アジアが起源なのかもしれない。このような集まりには、行かなければその後お呼びがかからなくなるようなのだ。

以上の通り私は、ウズベキスタンのマハラや人間社会について自分の経験したところを報告しているが、それにしても、なぜ、マハラについて、ここで触れておかなければならないのだろうか。それは開発にかかわる人間には、貧困削減が大きなテーマとなっているからだ。

まず、国連や援助関係者のＭＤＧ（国連開発目標）では、一日一ドル以下で暮らしている貧困の人たちをどうなくしていくのかが問われている。この点から、この国の人たちの生活水準を考えると、都市にあっても地方にあっても、一日一ドル以下で暮らしている人が多いのではないかと思えて仕方がない。タシケントのような都市部で家族四人が暮らしていくとなると、一カ月あたりだいたい四〇〇ドルが必要と聞いている。けっして所得が大きいわけでもないが、だからといって町を歩いていてホームレスは目につかない。また、地方に行けば、もっと少ない金額で生活しているとも聞いている。そして、コミュニティーの人たちがお互いに助け合うマハラを考慮すると、一日一ドル以下、あるいは二ドル以下で生活をしている人はかなりいるような気がする。一日一ドルの議論は、産業化や貨幣経済が進んだ先進国のモノサシであって、それを中央アジアの地域で説明するのがほんとうに妥当するのか、考えさせられる。

第二は、マハラが人間の安全保障という考えを地で行っているように思えてならないことだ。国際社会や援助関係者は、グローバル化の時代にあって、国またはその一部の経済や社会が急激に悪化することがあり（downside risk）、これを極力回避するために、人間の安全保障という考え方が基本におかれるようになっている。

お互いに助け合う社会のマハラは、歴史的に作られてきた人間の知恵の産物ともいえるだろう。ウズベキスタンではグローバル化に巻き込まれるよりも前に、マハラという相互扶助システムが今なお残っているといってもいい。アメリカ人政治学者のキャスリン・コリンズ（Kathleen Collins, "Clan Politics and Regime Transition in Central Asia" pages 44 and 320）によれば、マハラのような制度は、ヨーロッパの、スコットランド、アイスランド、そしてイタリアなどではごく最近まで残っていたとされる。日本でも地方に行けば、形は薄れているものの残っていそうだ。

以上を総合すると、ウズベキスタンでは、治安維持や平和の確保にもっとも貢献しているもののひとつに、このマハラのシステムがあると考えられる。ただ、近代化が進むにしたがって、人と人との結びつきが希薄になり、とくに都市部では個人主義が進みつつある。日本社会をよく知るウズベキスタンの一人から、このままでいくと日本と同じようになってしまうと危惧の声も聞かれた。

目に見えにくい中央アジアの経済や社会の変化

ウズベキスタンだけが中央アジアの国ではない。この地域には、カザフスタン、キルギス、タジキスタン、トルクメニスタンが含まれる。そして、アフリカ、中南米といったように地域が他地域とはっきりと分かれているわけではない。どういうことかというと、東には中国、西にはコーカサスのアゼルバイジャン、南にはアフガニスタン、またイラン、そして北にはロシアが隣接しており、経済や社会を中央アジアだけに限って議論することがむつかしい。要は、ユーラシア大陸の中央に位置する地域なのだ。次章では、中央アジア内外の関係をとり扱うが、その前に、中央アジア各国の共通する事柄について、本項で触れておくことにしたい。もちろん、それは地域の平和の問題でもある。

さて、タシケントで生活していると、経済や社会が止まっているような錯覚に陥ることがある。この町では多くのマンションの建設が進んでいることから、タシケント市内の経済もそれなりには発展しているように見える。ところが、毎日の通勤で車の窓から街並みを見ていると、マンションの工事が、なんと途中で止まっているではないか。この国では、銀行が十分機能していないことは先に述べたが、その分市民が手にした余剰金はマンションの建設資金に向かうと巷間では言われている。資金が底をつくと工事は止まるが、少し貯金が貯まるとそれを使って工事がまた始まる。その繰り返しで、いつの間にかマンションができあがっていく。私の居住していた地区の大きなマンションは、私の赴任時には建設途中で、二年が経過した帰国のころには、やっと完成の段階になっていた。ひとつの事象からこの国を形容するのは適当でないが、このようにみてくると、経済的にあまり動いていないようでいて、気がつくと物事が変化していたというのがウズベキスタンの特徴のような気がしている。

ところで、タシケントの生活が二年目にもなると、近隣国にも関心が行くようになる。近隣国でも経済や社会の変化が起こっているのか、そうでないのか、はたまた、変化が起こっていないとすれば、それはその国特有のものなのか、中央アジア共通のものなのか。

私のタシケント滞在中に、大きな政変の起きた国があった。人口五〇〇万、国土は日本の六割ほどの小さな国のキルギス共和国だ。中央アジアのなかでは、ＩＭＦのアドバイスを素直に受けて、いち早く市場経済化に取り組んでいる。現在ロシアは世界貿易機関（ＷＴＯ）に加盟することを渇望しているが、なんとキルギスは早々と一九九八年にはそのメンバーになっている。私は、首都ビシュケクには一度出張したことがあるが、外国からのモノもたくさん入っているし、言論も比較的自由な雰囲気がある。こうしたことから、だれもが市場経済化や民主化については、中央アジアの先頭をいく国だと期待するのもむりはない。

二〇一〇年、このキルギスで、国際ニュースにもなるような大きな事件が起きた。ひとつは、市民運動からバキエフ大統領が追放されたこと（四月政変）、もうひとつは、同じキルギス南部の町オシュ（Osh）ではウズベク族とキルギス族の激しい対立抗争から多くの死傷者を出したことだ（六月事件）。これら事件は世界の耳目を集め、普段は目立たない中央アジアだが日本のマスコミも珍しく連日とりあげ報道していた。こうしたことから劇的に社会が動いているように見えた。そして、しばらくすると暫定政権が民意を問うために総選挙を行なった（一〇月選挙）。政変や事件を受けて行なった選挙は、民主化を加速させているように見える。

ところがどうだろう、選挙の結果といえば、小さな政党の出身者ばかりで、過半数の議席を集結させるのも困難となり、党首間で協力する姿はあまり見られない。つまるところ、中心的なリーダーを担ぎ出すことができず、組閣にたどりつくまでに数カ月もかかってしまったのだ。このように民主的な選挙が行なわれても、議会や内閣がすぐさま立ち上がり、機能するとは限らない。これでは、地方の有力者がたちはだかり、たとえばカルザイという名ばかりの大統領を擁するアフガニスタンと変わらない。ちがうのは、タリバンのような過激主義者との武力闘争にいたっていないことだけだ。また、選挙から議会が発足したものの、リーダーがなかなか決まらなかったのが最近のイラクだが、この国とも状況はよく似ている。わかりやすく言えば、親分のような人のもとに地縁血縁的に人々が集まり、それら親分同士が拮抗する社会では、なかなか国論がひとつにならない。そのようなところでは、選挙という民主主義のウツワはできても、政府の適正な運営や活動というナカミを入れるのがむつかしいのかもしれない。

その根底には、変革よりも人のつながりを優先する伝統的な社会があるように思える。だれだれさんが親戚だから（血縁）、近所のだれだれさんにはお世話になっているから（地縁）、というだけで、投票されることが多いのではないか。いや、そのレベルならまだしも、地域社会が半強制的に投票させることもあるのではないか。一〇月選挙の際に、選挙監視に参加されたキルギス日本センター元所長・浜野道博氏は、「今回の選挙結果は、むしろ地域を軸とした利益集団『閥族』間の激しい戦いが反映しているとみると分かりやすい」と言われる（二〇一〇年一〇月八日付け同氏サイト「これからが正念場の民主主義、キルギス国会議員の選挙の結果について」）。

このような社会は、キルギスだけかというと、どうもそうではないようだ。先のキャスリン・コリンズは、中央アジア諸国の地縁血縁の政治を見事に分析しているが、それによれば、中央アジアでは多かれ少なかれ同じような政治行動が見られるという（前掲書の全体がこの主旨で貫かれている）。私なりには、逆説的だが、閥族政治が強くて国論の統一がむつかしいこの地域では、独裁色の強い大統領の政治が合っていると言えなくもない。

経済の分野でも、キルギスは市場経済への移行を進めたが、天然資源も少なく、これといった産業もないなかで、あまりふるわない。先の四月政変も電気代の大幅な値上げに反発した国民の行動が引き金となっているし、六月事件も経済的に不満なキルギス族と比較的暮らし向きの良いウズベク族との対立が背景にある。

キルギスが危うくなると、国際社会では同じような政変が起きないかと取りざたされる国がある。人口七〇〇万、国土は日本の三分の一のタジキスタンだ。キルギス政変の直後に、アメリカのワシントンＤＣであるセミナーが行なわれたが、アメリカ国務省南アジア・中央アジア局のブレーク次官補は、つぎのように言っている（Blake, P and Olcott, M.B."U.S. policy towards central Asia, Carnegie Endowment for Peace Event July 30 http://www.carnegieendowment.org/?fa=eventDetail&id3002（accessed on October 25.2010））。

「中央アジアで破たん国家（a failing state ないしは a failed state）になる可能性の高い国は、タジキスタンだ。なんと言ってもアフガニスタンと接しており、その一三四〇キロにおよぶ国境がある。国境はあってないようなもので、アルカイダのような過激主義者は自由に国境を移動し、また、麻薬もこの国境を通って入ってくるともいわれ、不安定な要素がつきまとう。そうしたところには、外国からの投資が入りにくく、経済的にも不安定だ」

もっとも、タジキスタンでは、閥族の親分が牛耳る社会で勢力図が決まっているし、独立後まもない時期に国内紛争を経験しているだけに、反乱が起きにくい点で状況が異なる。

それでは、カザフスタンの状況はどうか。日本の七倍の国土に人口は隣国ウズベキスタンのたったの半分、しかしその広大な国土には石油やウラン鉱石などが豊富に眠る国なのだ。二〇一一年一月八日号英エコノミスト誌（"Long live the khan"）によれば、この国では、国民投票でナザルバエフ大統領の在任期間を二〇二〇年まで延長しようとの声が上がったという。こうしたニュースに接すると、またしても独裁的傾向の強い大統領のエゴかと思わされるのだが、どっこい、先をよく読んでみると、状況はそうかんたんではなさそうだ。

前年の一二月までに三〇万人もの署名が集まったものの、実際の国民投票には一〇万人分が足りなかった。大統領の政治手法は強権的だが、独裁的ではない（not an outright dictator）と評されているので、どうも悪い大統領ではなさそうだ。そのこともあり、彼をおいて国を導くことのできる指導者がいないなか、もし彼が退くようなことがあれば、内戦の恐れすらあるという。この報道から、中央アジアでは経済の市場化が比較的進んでいるカザフスタンでも、根底にはそうした古い社会構造が残存していることを思い知らされる。それに、こうした人々の結びつきの構造は、ソ連社会より前から残っているものなのかもしれない。

このように各国の事情もさることながら、全体として中央アジアの社会は、当分の間変化が起きそうにはないように感じられる。自国の開発や外国との貿易を進めなければならないにしても、保守的な人々も行政も、必ずしも社会の大きな変化を望んでいるとは思えない。中央アジアのどこの国も、多くの若者人口を背景に、社会の近代化を望む声があるにはあるが、地縁血縁をもとにした乱立する有力者、老齢の人たちを敬う保守的伝統的な社会は、中央アジアでは共通しているように見える。

しかし、経済や社会は目に見える形で動いていそうにないが、いつまでも同じ状態であるはずがない。次章ではそれを考えてみたい。

第8章　新しいシルクロード

見直される陸路

日本人には中央アジアは遠く、世界地図のなかでどのあたりにあるのかを指し示すのがむつかしい。この地域は、世界の人口の一パーセント、陸地面積も世界の三パーセントしかない。そして、中央アジア五か国そのものが現れたのも、旧ソ連から独立してからのことであり、それまではソ連の一部でしかなかったという認識が普通だ。しかし、独立から二〇年が経過しようとする現在、旧ソ連では考えられなかったことが起きようとしている。そして、国際国家日本の国民として、ひょっとしたら世界で大きな地殻変動が起きようとしているかもしれない地域経済の動向について少しばかり知っておくことが重要と考えるので、ここは少々がまんをして読み進めてほしい。

それから、もうひとつ、前章までは多くの場合、自分で見聞してきたことを基礎に議論を進めてきているが、本章で取り扱う内容は、現実に行って見たものではない。思い出していただきたいのだが、冒頭の「はしがき」のところで述べているように、議論はウズベキスタンや中央アジアに限っていない。そうすると、ことは隣接する中国、ロシア、イラン、アフガニスタンおよびコーカサス地域、また、遠く離れたヨーロッパ、東南アジア、果ては日本にまで議論が及ばなければならないはずだ。これらはユーラシア大陸（厳密には、日本は除かれる）として陸続きであり、そのなかで中央アジアを実際に見聞しなければならないのだとすると、現実には私ひとりの力では不可能としか言いようがない。それも実際に見聞したことはなく、最近の新聞や雑誌からその動向を読み取ろうとしているので多分に頭のなかの整理になってしまう。このように見たこともないことを報告するという点では現実感に欠けることになり、その限りで読者の皆様には、今一段のがまんをお願いしなければならないと思う。

中央アジアの形状から入って行きたい。

中央アジアは、大消費地である西欧や日本と国境を接していないので、モノを作るにしても輸出コストが高くつく点で大きなハンディを背負っている。しかも、海に面する出口をもっていないので、貿易には一層の困難が伴う。それだけではなく、多くの国が山岳、砂漠、半砂漠の複雑な地形となっていることから、貿易における輸送コストが増大する要因をもっている。こうした地理的なハンディは、ひいては市場経済の発展をも阻害する。このように主張してはばからないのが、ロシア科学アカデミー世界経済国際関係研究所上席研究員のスタニスラフ・ジューコフ氏だ（二〇〇六年六月日本貿易振興機構（ＪＥＴＲＯ）作成の「旧ソ連における地域協力の現状と展望――中央アジアを中心に――」）。

さらに彼によれば、海岸から一〇〇キロ以内に居住する人口は皆無、そして、海抜五〇〇メートル以上に住む人の割合は、トルクメニスタンで一一パーセント、カザフスタン三一パーセント、ウズベキスタン四四パーセント、タジキスタン八八パーセント、キルギスに至ってはなんと一〇〇パーセントにもなっている。多くの人々が山岳地帯に居住しているが、そうでないトルクメニスタンにしても砂漠地帯が広がっている。このような閉ざされた地域は、外部との交流が少なく社会の変化が遅く見える。

タシケントに住んでいると、国内ニュースが少ないことも社会の変化を感じさせない原因のひとつだ。新聞は、週に一回しか発行されない。もちろんロシア語やウズベク語がわからないので、そのことについては私にはあまり問題ではない。しかし、現地の英字新聞にしても同じように週に一回しかこない。それも内容的には、どちらかといえば、外国要人が来て会談をおこない、友好的雰囲気のなかで終わったといった程度の内容を淡々と伝えるだけで、相手の腹を探るような解説に接することがない。同じ中央アジアの隣国でも、どんなことが起きているのか、これも容易ではない。

それでは、こうして地理的にも閉ざされがちななかで、中央アジアの経済や社会の発展や変化をタイムリーに読み取るのはほんとうにむつかしいのだろうか。中央アジアや世界で起きていることを知るには、ウズベキスタンの若者は、インターネット、それもロシア語の情報で入手しているとは、ビジネス学院の卒業生の話だ。それから、外国人の私には、欧米の雑誌やインターネット情報がどれくらい入ってくるかにかかっている。そうすると、たとえば英エコノミスト誌や米ニューズウィーク誌などは一週間遅れだが、入手は可能だ。また、インターネットで欧米の情報にもアクセスできる。

そして、タシケント滞在一年あまりのところで、私はこうした欧米の雑誌、そしてインターネットから、中央アジアの人たちが好むと好まざるとにかかわらず、彼らがおおきな変化の渦のなかにいるのではないかという思いを強くするようになった。それは、むしろ中央アジアの新しい時代を感じさせるもので、とても新鮮なものに映った。その新しい時代とはなんなのか。

その欧米の論調を私なりに理解するとこうなる。

紀元前後から一五〇〇年ころまで長期にわたって続いた陸路のシルクロードは、東のアジアと西のヨーロッパをつなぐ往来の主役だった。ところが、コロンブスのアメリカ大陸発見以降、陸路シルクロードの役割はじょじょにうすれ、海路による運搬がとって代わるようになる。海路の興隆は、その後延々と続くことになり、とくに戦後にはアジアの奇跡的な経済発展に典型的に現れる。そして、この経済発展は、日本から始まって、韓国、香港、台湾、シンガポール、そして東南アジア全域におよぶ。最近の中国の急激な発展も、もちろん海路輸送によっている。ここでは船舶のコンテナー化も忘れることはできない。

ところがどうだろう、さらに、最近の海路輸送の興隆の後には、いよいよ陸路のシルクロードが、またしても新たな装いで復活する兆しがあるというのだ。それは、中央アジアの人たちがなにげなく使っている道路や鉄道なので、その変化を嗅ぎとるのは容易ではない。しかし、中央アジア全域を視野に、天然ガスや石油のパイプライン、縦横に走る道路網、さらには長距離鉄道、それも高速鉄道構想まであって、少しずつだが着実に経済開発が進んでいるという。

実例をあげれば、二〇〇九年一二月には、トルクメニスタンから、ウズベキスタンとカザフスタンを経て中国につながる天然ガスパイプラインが、また、二〇一一年一月にはロシアから中国に送る石油パイプラインがそれぞれ稼働を始めている。また稼働にまでは及んでいないが、ミャンマーから中国までの石油パイプラインの建設がすでに始まっている。加えて中国は現在、高速道路を含む道路網建設でも熱心に取り組み、これにインドも歩調を合わせ、中央アジアと周辺国とのつながりも強くなっている。さらには、中央アジアも鉄道建設を進め、中国がこれに積極的にかかわっている。

背景には、中央アジアと中国の貿易量が一九九〇年でたったの一億六千万ドルだったものが、二〇〇六年にはなんと七〇億ドルにもなり拡大を続けていることがあげられる。また、中央アジア域内にあっても、域外国との貿易量に比べて二倍ものペースで増えているという。

このようなパイプライン、道路そして鉄道の三分野の開発は、二〇一〇年四月一〇日号英エコノミスト誌（“Banyan/New Silk Roads”）で熱く語られているが、論調を作り上げる口火を切った記事としては、最初のものではないかと私は想像している。かりに、ほかにあるにしても、影響力のある雑誌が大々的に報道したということでその役割は大きい。このことは、その後も、同じような記事が多方面で掲載されるようになっていることからもうかがえる（二〇一〇年六月三日号ニューズウィーク「新シルクロードの野望（"The New Silk Road"）」）、同年七月一二日付けの"Chinese Interest in Central Asia"（http://blog.livedoor.jp/Caiqanying/archives/1396375.html）、同年八月一三日付けInternational Herald Tribune "Central Asia's new Silk Roads" by Parag Khanna ほか）。

以下では、それでは、ほんとうに新しいシルクロードの到来を告げる根拠があるのかどうか、三分野の開発についてみていきたい。

天然ガスのトルクメニスタン

まずは、天然ガスのパイプラインから入りたい。

中央アジア五か国のひとつにトルクメニスタンがある。これまであまり触れる機会がなかったが、人口五一〇万、国土はほぼ日本の一・三倍のこの国は、国民は保守的だし、大統領は強権的だと言われる。ウズベキスタンの人たちは、中央アジアのなかで、トルクメニスタンが政治的にも社会的にも、自分の国とよく似ているとも言う。

ところで、二〇〇九年一二月一五日、ある天然ガスパイプラインの稼働が始まった。このトルクメニスタンからウズベキスタン、カザフスタンを経て中国・新疆に及ぶパイプラインは一八〇〇キロに及ぶ。これを「中央アジア・ルート」と呼ぶ（地図1）。もっとも、私が中央アジアの仕事にかかわったのがごく最近のことでもあり、当初はパイプラインの稼働にそれほど興味を感じなかった。ところが、それから数か月たったところで、このパイプラインの開通の意味を考える論考が立て続けに出たことで、私も、ああそうだったのか、と納得するようになった。

以下の事実関係は、カトラー（"Turkmenistan Diversifies Gas Export Routes" by Robert Cutler,07/08/2010 issue of the CACI Analyst)、シーフ（Martin Sieff, "Turkmenistan-to-China pipeline's first year changes regional dynamics" http://centralasianewswire.com/Region/Turkmenistan-to-China-pipeline's）およびガルピン（Richard Galpin, "Struggle for Central Asian energy riches" http://www.bbc.uk/news/1013/641 updated on 21 June 2010）の報告を参考にしている。

そもそもトルクメニスタンは、天然ガスをロシア以外に輸出することができなかった。この国の天然ガスは、ウクライナ経由の既存パイプラインでロシアに送られ、それがヨーロッパに輸出されていた。もっと言えば、ロシアのガスプロム社は、トルクメニスタンから千立米あたり五〇ドルで買い取り、これを二五〇ドルでヨーロッパに売りつけ、暴利をむさぼっていたのだ。この買い取りは、トルクメニスタンからだけでなく、ウズベキスタンやカザフスタンからも同じように行なわれていたのだから、中央アジア天然ガスは、ロシアが独占的に扱っていたことになる。

ところが、二〇〇六年四月、当時のトルクメニスタン大統領ニヤゾフ（Niyazov）が北京の胡錦濤国家主席を訪問、中国との間で当初は年間三〇〇億立米、後には四〇〇億立米の天然ガスを輸出すると約束している。輸送ルートとしては、もともとあったカザフスタン−中国のガスパイプラインに、ウズベキスタンを通過するルートを上乗せすることにしていた。しかし、これには、中国とトルクメニスタンの合意にもかかわらず、ロシアへの供給契約が依然として立ちはだかる。

手持ちの資料では、時期等の詳細は不明だが、そうこうしているうちに、ロシアはトルクメニスタンの千立米あたり三〇〇ドルの値段を受け入れるようになり、かつてのように儲かる取引ではなくなっていた。それだけでなく、二〇〇八年九月のリーマンショックに端を発した、折からの世界的不況で天然ガスの国際価格が下がり、ロシアには定量を引き取ることが大きな負担となっていた。

まもなく、間隙をついてトルクメニスタンがロシア一辺倒から離脱するときがやってくる。

二〇〇九年五月、トルクメニスタン領土内のロシア向けのパイプラインが爆発、その利用ができなくなる。これには、ロシアは、トルクメニスタン人の技術レベルが低いからだと非難し、相対するトルクメニスタンは、ロシアからのバルブの停止通報が一週間は必要なのに一日、二日前の通報では何ともしようがなかったと応酬した。いよいよ、このロシアとの決裂が中国へのガス輸出を後押しし、先に述べたように同年一二月にはパイプラインが稼働するに至る。

ロシアは、その後、天然ガスの価格が上がるにつれ契約の解消をいたく後悔するのだが、あとの祭り。それだけではない、またしてもロシアの呪縛から逃れるように今度は、天然ガスの輸出をめぐる進展が明らかになってくる。二〇一〇年一二月、トルクメ

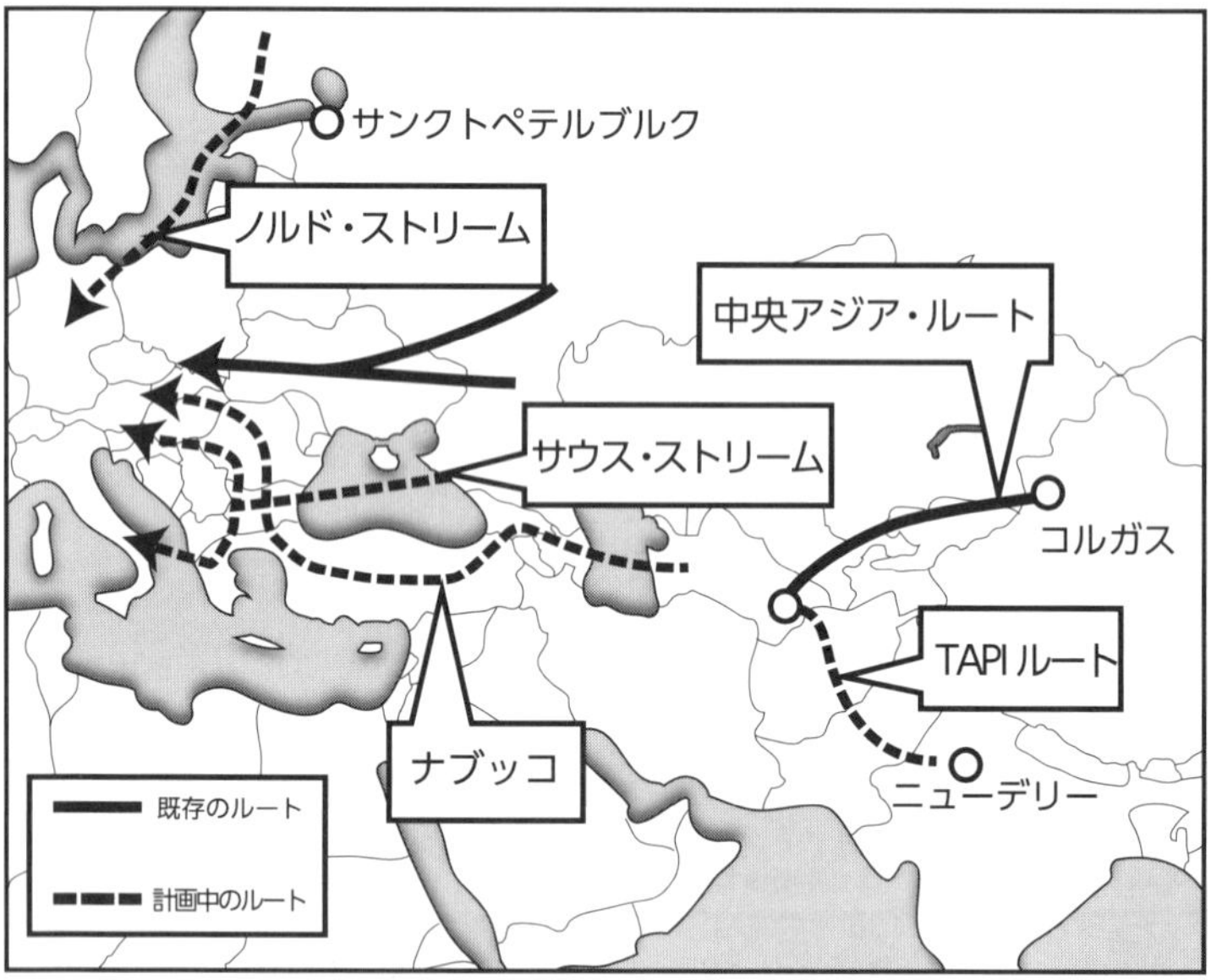

地図1：天然ガス・パイプライン

ニスタンの首都アシガバードに四か国の担当大臣が集まり、トルクメニスタン－アフガニスタン－パキスタン－インドの間を通る一六八〇キロのパイプライン建設の枠組みに合意したというのだ。これを関係国の頭文字をとって、「ＴＡＰＩ天然ガスパイプライン（地図１）」と言っているが、建設が二〇一二年に始まれば、二〇一四年には完成する。総工費は、七六億ドルで、三か国に年間三三〇億立米を輸送する計画だともいう。

もとより、この計画は一足飛びに決まってきたものではない。ＴＡＰＩ計画は、早くも一九九五年にもち上がり、今なお生きながらえながら関係国によって進められようとしている。しかし、それには問題がないわけではない。計画では、七三五キロ部分はアフガニスタン、八〇〇キロ部分はパキスタンとされ、過激主義者の標的となるリスクをかかえている。この点、アフガニスタンは、パイプライン施設を守るために五千から七千の軍隊を配置すると言って意欲満々だが、今後の検討には、大きな障害となっていくにちがいない。

トルクメニスタンから天然ガスを輸出する構想は、実はほかにもある。総延長三三〇〇キロのナブッコ・パイプライン（Nabucco）だ（地図１）。それは、トルクメニスタンに隣接するアゼルバイジャン（コーカサス地域）で産出した天然ガスをもトルコ経由でヨーロッパに輸送しようとするもので、ＥＵが天然ガスの多くをロシアに頼る構造から脱却することを目指したものだ。この計画も長い間検討されているが、なかなか実現できないでいる。

インターナショナル・ヘラルド・トリビューン（The International Herald Tribune dated March 9, 2011 by Judy Dempsey, "Strategic European gas pipeline threatened by high costs and competition"）によれば、当初に見積もられたナブッコ総工費は七九億ユーロ、しかし最近では一四〇億ユーロと倍近い試算が出るにおよび、計画の見直しを迫られているという。それだけでなく、ＥＵはその消費する天然ガスの四一パーセントをロシアに依存しているが、大金をかけてどこまで資源輸入を多様化させるのが適当なのか確信をもてていない。また、計画は、トルクメニスタンだけでなくアゼルバイジャンの天然ガスの供給を当て込んでいるが、アゼルバイジャン自身がナブッコに天然ガスを供給するとは今なお言っていないという。

ＥＵへの天然ガスの売り込みは、ロシアからも強まっている。リーマンショック後の不況から抜け出ると、資源エネルギーの価格がじょじょに上がってくる。こうしたなかで、二〇一〇年四月八日付けの日本経済新聞（「北ルート着手」石川陽平記者）によれば、ロシアのガスプロム社と欧州のエネルギー関連企業三社が、ロシアの天然ガスをＥＵに供給する「北ルート（ノルド・ストリーム）」の建設に着手したという（地図1）。北ルートは、ロシア北部からバルト海海底を通り、ドイツ北部につながる全長一二二〇キロ、二〇一一年一一月の稼働を目指す。

それにしても、トルクメニスタンの話をしているのに、ロシアのパイプラインがなぜ問題となるのだろうか。

この点、ロシアは、従来のウクライナ経由ＥＵ向けパイプラインで輸出していたが、これに北ルートができてＥＵに輸出できるようになれば、その分ナブッコの必要性が薄れる。それだけではなく、黒海を経由する「南ルート（サウス・ストリーム）」の構想があり（地図1）、これにはトルクメニスタンや隣国のアゼルバイジャンの天然ガスの輸送が期待されるので、実現すればナブッコの進展はさらに危うくなる。現に、ロシアの副首相は、「現在のトルクメニスタンの天然ガスの供給力とヨーロッパの需要を考えれば、ナブッコの実現の可能性は少ない」（Jen Alic, http://oilprice.com/Geo-Politics/International/Turkmenistan-Takes-Sides-in-Pipeline-Supply-Competition.html）とまで言い切る。それでも、前述へラルド・トリビューンは、南ルートにナブッコを相乗りさせることが模索されているとも報道しているので、もとの計画から変更を加えた形でも進んでいく可能性が強い。

ここでは、いくつかの天然ガスパイプラインに触れたが、整理すると、稼働を始めたトルクメニスタン－中国のルート、建設が始まったロシア－ＥＵの北ルート、そして検討中だがＥＵまで輸送するナブッコと南ルート、また同じく検討中のインドまでのＴＡＰＩがある。こうしてみると、現在の中央アジアを理解するには、ユーラシア大陸全体にまでスケールを広げなければならないことがわかる。

カザフスタンの原油に走る中国

ところで、石油と天然ガスは、同じような条件のところに眠っているらしい。コーカサスのアゼルバイジャンで石油の発掘調査をしていたところに、大きな天然ガス田が発見されたという話を聞くと、ますますそんな気がする。それにしても、パイプラインの話が出ると、どうしても、天然ガスと石油がセットで紹介されることが多いが、天然ガスのパイプライン、石油のパイプラインと分ける方が理解しやすい。そこでつぎは、石油パイプラインに移りたい。

なお、以下は、一九九七年一二月二〇日号フォーサイト誌（「海外での資源確保を急ぐ中国の思惑」、ジャーナリスト五十嵐卓）、一一年一月一四日付けSYNODOS JOURNALサイト（「中ロ間の蜜月関係と両国間石油パイプラインの本格始動」、廣瀬陽子准教授）、および同年一月六日付け読売新聞（「中国資源調達陸海四ルート」、大木聖馬記者）の報告を参考にしている。

中国が海外からの資源確保に力を入れているのは昨今の報道から理解できるところだが、たまたま目にした一九九七年のフォーサイト記事からすると、昨日今日に始まったことではないことがわかる。

この年の九月一五日には、渤海湾に面した秦皇島オイルターミナルに六万トンタンカー一隻が入港、これが海外で中国が自主開発した初めての原油輸入だった。それまでは、大慶や勝利の大型油田の維持、タリム盆地の新規開発というように国内の石油生産を目指してきたのだが、ここにきて中国がいよいよ自給自足から海外の資源確保に踏み出した象徴的なできごととして採り上げられていた。もっとも、もう少し正確に言うと、中国が自主開発したペルーのタララ油田から石油を輸送するにはあまりにも長距離となるため、アジアの石油と交換し（スワップ）、それが陸揚げされたと紹介されていた。いずれにせよ、そうした海外での石油採掘の自主開発は、この当時南米ではペルーのほかにベネズエラ、中央アジアではカザフスタ

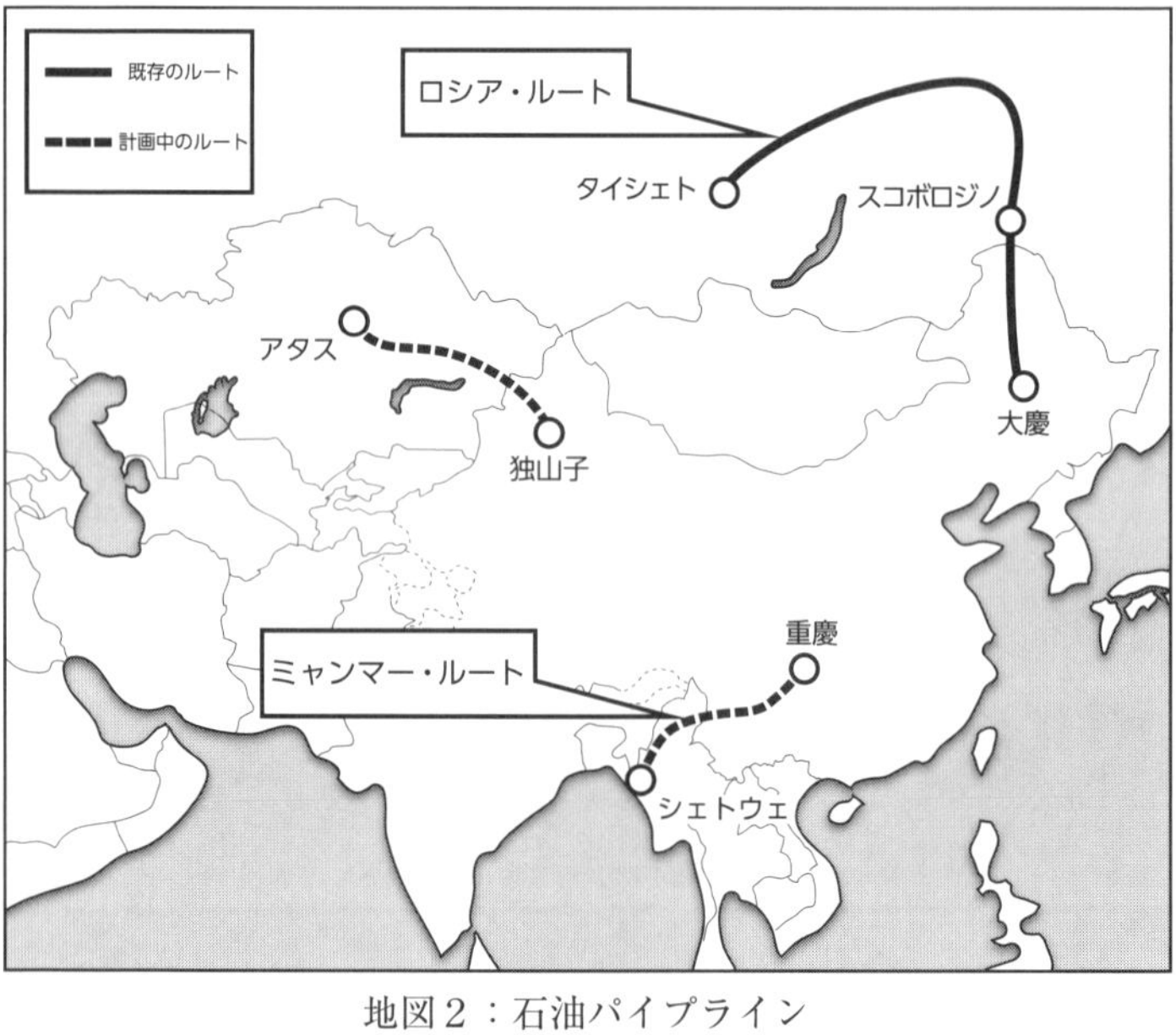

地図2：石油パイプライン

ンの油田獲得に動いていたとある。中国は、このころから海外進出を狙っていたのだ。

さて話は変わって、もとよりロシアのタイシェトからスコボロジノを経て日本海沿岸までの太平洋ルート・パイプラインの建設が進んでいた。ところが、ここにきて今年の二〇一一年一月一日、パイプラインの途中にあるスコボロジノから黒竜江省大慶市までの約一〇〇〇キロのパイプラインを開通させている（地図2）。日本海側に輸送するよりも、中国に供給することを優先したことになる。これにより、中国は年間一五〇〇万トンの原油が二〇年間にわたり供給される。

ロシアからの石油輸入だから、中央アジアにはかかわりがないように見える。しかし、石油需要の激増する中国は、その原油の入手先のひとつに中央アジアのカザフスタンを忘れてはいない。この国のアタスから中国新疆ウイグルの独山子までパイプラインは三〇〇〇キロあまり（地図2）、二〇〇五年に開通予定で（金属鉱物資源機構サイト）、年間の輸送量は二〇〇〇万トンとされるから、ロシア・スコボロジノ経由の供給量を上回る予定だ。

ところが、中国の石油輸入では、今後カザフスタンよりももっと大きな量の原油を期待する国がある。ミャンマーだ。この国のシェトウェから重慶までのパイプラインの完成は二〇一三年とされる（地図2）。輸入量は、年間四〇〇〇万ないしは六〇〇〇万トンともいわれ、中国の石油輸入の実に二五パーセントにもなると見込まれる。

このようにみてくると、中国は実際にパイプラインを完成させ、また順次完成させようとしているし、プロジェクトも夢物語ではなく現実に動いていることに注目する必要がある。その背景には、ここでも中国の急速な経済成長とそれに伴うエネルギー需要の増大があり、二〇一〇年の石油の輸入の海外依存率が一〇年前の二五パーセントから五四パーセントに上っていることがある。量的には、二〇〇九年の中国の原油消費量が三億八八〇〇万トン、うち輸入が一億九九〇〇万トンで消費量の半分を超えている。
二〇〇九年の中国の原油消費を一定とすると、ミャンマーからの原油輸入が始まる二〇一三年以降の原油輸入の内訳は、おおよそ次のようになるが、海路と陸路の輸入がほぼ均衡する。

中国の原油消費量……………………三八八〇〇　（万トン）（二〇〇九年実績ベース）
国内生産量……………………………一八九〇〇
海外からの輸入量……………………一九九〇〇　（一〇〇パーセント）
（輸入内訳）海路・マラッカ海峡経由分……一一四〇〇　（五七パーセント）
ミャンマーからの輸入分…………五〇〇〇　（二五パーセント）
カザフスタンからの輸入分………二〇〇〇　（一〇パーセント）
ロシアからの輸入分………………一五〇〇　（七・五パーセント）
（二〇一一年一月六日付け読売新聞「中国資源調達陸海４ルート」をもとに筆者が調整）

もちろん、中国の原油消費量は、省エネでテンポは鈍ることはあっても、今後も増え続けると思われる。先の金属鉱物資源機構のホームページによれば、二〇〇七年段階でカザフスタンのアタスより向こうに位置するクルコム油田とカスピ海に近いケンキャク油田の間のパイプライン建設に両国が合意しているが、これが完成すれば中国の輸入はさらに増加する。

道路建設につよい関心を寄せる中国

天然ガスや原油のパイプラインと同じように、この地域の道路も多方面に伸びようとしている。言うまでもなく、道路は物資の流通には欠かせないものだ。

二〇一〇年八月七日付け産経新聞（「道路建設の恩恵を受ける、透ける真意」佐藤貴生記者）の記事が私の目にとまった。それはキルギスタンの首都近郊の道路工事についての報告だ。道路はキルギスからタジキスタンに通じ、工事区間はわずか二〇キロ、これに一五〇人ほどの中国人労働者が建設に携わる。工事関係者の拠点は、「険しい山々と河川の間の台地に」あり、「軍の前線基地や野戦病院」と見まちがえるような光景だったという。とはいっても、これは中国の道路事業のほんの一部に過ぎない。自国の建設労働者を外国にまで送り出して従事させているが、その中国にはいったいどんな意図があるのだろうか。

中国がこの国の道路にかかわるようになったのは二〇〇六年のことで、この年には六億ドル（約四八〇億円相当）の道路修復や送電線整備を決めたという。道路が通じる先のタジキスタンにはウランや金、銅があるにはあるが、多くは確認されていない。そこに透けて見えるのは、「西のウズベキスタンから中国まで結び、資源や中国産品を運びたい」そして、「中国が採掘権を得たアイナク銅鉱山を有するアフガニスタン」に道路が通じるようにしたいことだ。

中国の道路建設への関心は経済的な理由によるものだが、先のデビッド・ルイスは、中央アジアの道路をつぎのように説明している（前掲書、二二四ページ）。

中央アジアで安価な中国製品が出回っているところは、バザールと呼ばれるローカルの市場だ。九〇年代までには、安価な中国製品がバザールの店を支配するまでになり、同時に中央アジアの国々の製品は言うに及ばずトルコやイランの外国製品をも駆逐していった。どのように中国製品が中央アジアに運ばれてくるのだろうか。

これには、シャトル商人（shuttle traders）と呼ばれる人たちが介在していた。彼らは、さまざまな生活用品が入ったバッグを持って、鉄道、バスまた飛行機で国境を越え、また同じように荷物でパンパンになったバッグをもって帰国する。中国からは、ウイグル人も漢人もウルムチを越えてやってくるし、もちろんキルギスの人もカザフスタンの人も中国に行っては戻ってくる。中央アジアの人たちは、この活動を通じて、ウルムチがいかに内陸部の西側にあっても、この経済的に成功した町の光景を見て、それまでの中国観を変え始めたという。

ところが、しばらくするとこの交易は規制されるようになり、より大きな企業や有力者にとって代わる。こうして、中国製品は、彼らの運搬から、カザフスタンのアルマティー、キルギスタンのビシュケクやオシュといった町にたどりつく。中国製品の行きつくところはそれで終わりかというと、そうではない。ここからは、またしても個人が営む商人が国境を越えてウズベキスタン側に持ち込む。ただ、それは政府が輸入を禁止しているために密輸入となるので、フェルガナからタシケントの道路沿いで警官により中国製品が没収される。ところが、商人はそでの下を差し出すので、多くの中国製品はなんとかそのままタシケントに届けられる。

私も、バザールに行って、タオルやサンダルを買ったが、多くが中国製だった。電気製品にしても、プラスティック製品にしても、中国製品であふれている。私は、ルイスの説明を思い出しながら、買い物をしていた。

日本も協力する道路整備

中国の製品を売るためには、運搬のための道路が必要なのはわかる。しかし、中国のように中央アジアと接する国でなくても、地域の道路建設に手を貸そうとする国がある。経済的な関係がきわめて小さいにもかかわらず協力している国がある。

二〇一〇年六月一日付け日本経済新聞夕刊（「アフガン向けインフラ、中央アジアで整備加速」石川陽平記者）によれば、タジキスタンの道路建設に日本のＪＩＣＡが協力し、そこでは首都ドシャンベの南方クルガンチュベとアフガン国境のニジノピャンジを結ぶ八四キロの道路整備が進行中で（地図３）、二〇一二年の完成を目指しているという。この工事に日本政府は五四億円の拠出を約束している。なる

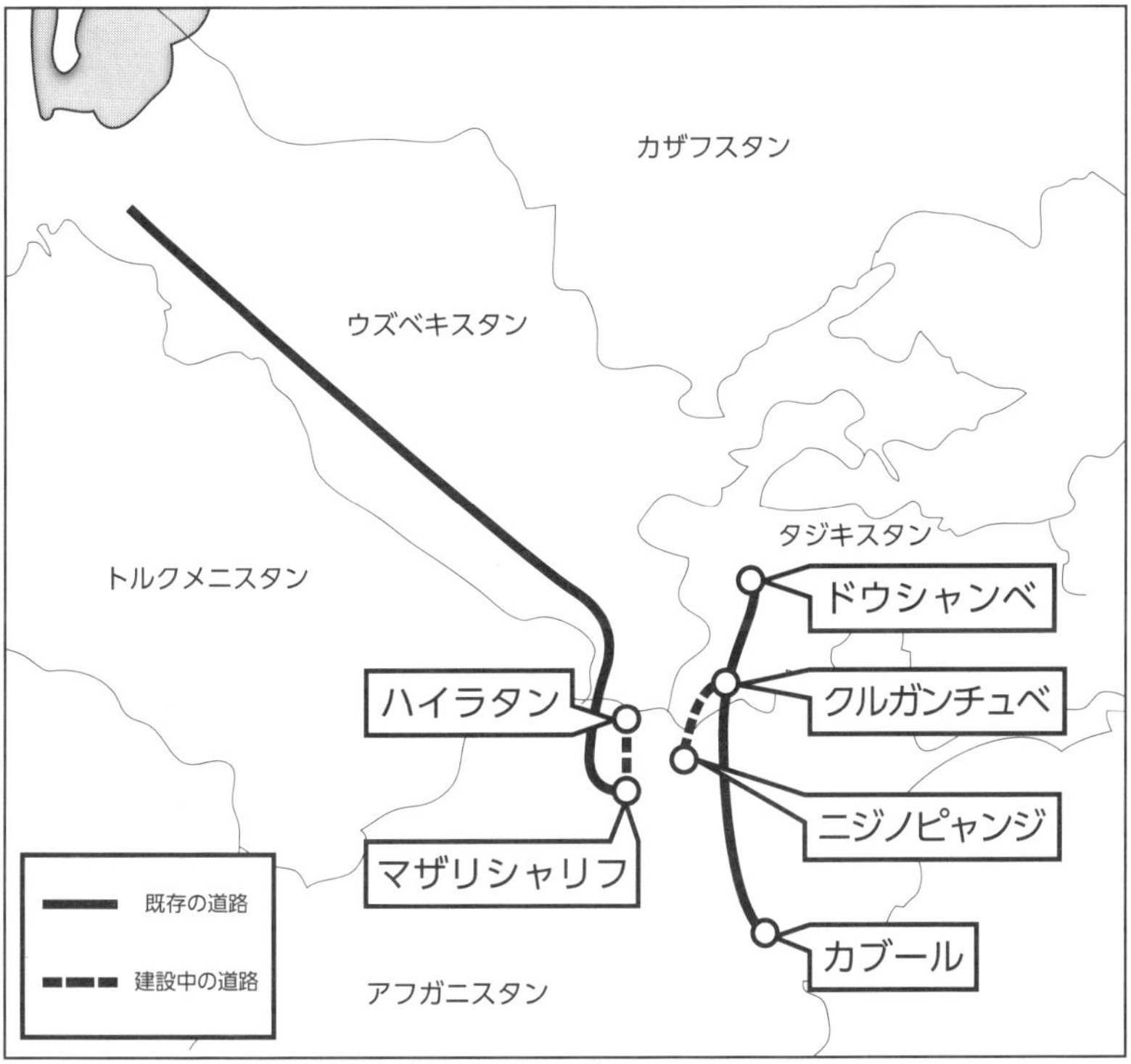

地図３：ウズベキスタン周辺の道路

ほど、ニジノピャンジには、アメリカが建設した橋があるので、ここを通じてアフガニスタン向けの物資を運ぶことが容易になる。道路整備にはアフガニスタンで戦っているアメリカへの支援という側面がある一方で、道路が整備されることで流通増・経済振興が期待され、それがアフガニスタンの安定につながるだけでなく、ひいては中央アジアの安定につながるのだという。

日本の道路建設への協力は、カザフスタンのジャンブル州でも行なわれている。

二〇一〇年八月二三日付けのＪＩＣＡプレスリリースによれば、この道路が「中央アジアからアフガニスタンを経てアラビア海にいたる『南北の物流路』と中央アジアからコーカサスを経て欧州に至る『東西回廊』の一部になり、貸付額は約六四億円」だという。

それにしても、プレスリリースの事業地図（全体）をよくみると、ＪＩＣＡの協力区間よりも欧州開発銀行（ＥＢＲＤ）融資予定区間、それから世銀（ＷＢ）融資区間が目立っている。そして、より詳細なジャンブル州の事業地図（地図４）では、イスラム開発銀行融資の区間とアジア開発銀行（ＡＤＢ）融資の

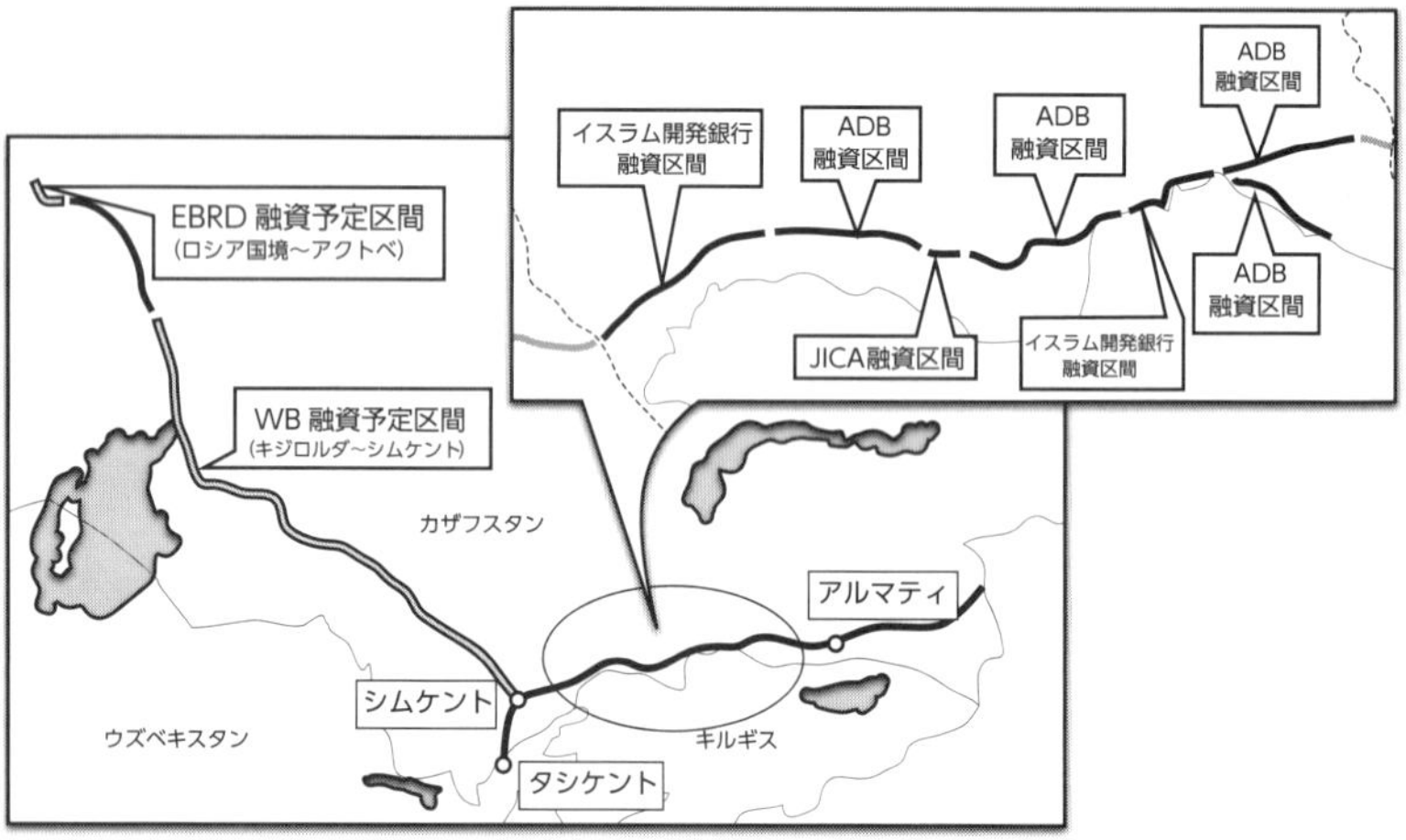

地図４：カザフスタン・ジャンブル州の道路建設

区間が示され、これに混じって、かろうじてＪＩＣＡ融資区間が示されている。世銀やＡＤＢといった国際開発機関の事業と肩を並べるほどではないが、とにかく日本の国際貢献の形が出ていると思う。

このように中央アジアの道路建設の報道をフォローしていると、国際機関ＡＤＢの名前がよく登場する。九月二八日、ＡＤＢは、カスピ海の東にあるマンギスタウ州（Mangystau Oblast）の七九〇キロ道路の修復事業に八億ドル（六四〇億円）の融資を行なうことを発表している（"Kazakhstan to get $800 Million from ADB to Improve Roads, Boost Regional Trade" http://pid.adb.org/pid/LoanView.htm?projNo-4343&seqNo-01&typeCd=3）。開発エコノミストの集団らしく、道路建設の必要性をより広い視点から説明している。彼らによれば、アジアとヨーロッパ間の貿易額が二〇〇九年で七〇〇〇億ドル（五六兆円）だが、二〇一五年には一兆ドル（八〇兆円）に増加すると見込んでおり、うちカザフスタンを経由する物資は二〇パーセント、そして同国にもたらされる収入は一一億ドル（九〇〇〇億円）と見積もっている。これを背景に、対象道路の半分以上がいまもって砂利道で、建設された部分はすでに劣化してメンテナンスも不十分であることから、どうしてもこのプロジェクトが必要だという。

中央アジア地域経済協力（ＣＡＲＥＣ）

中央アジアの道路建設には、どうもＡＤＢがかなりかかわっていそうだ。そして、これまで言及しなかったが、その都度ＣＡＲＥＣ（キャレック）という言葉が出てきている。これはCentral Asia Regional Economic Cooperationの頭文字をとったものだ。どちらかと言えば、日本のメディアは説明が長くなるのか、この言葉をあまり使わない傾向があるのに対し、国際協調を考慮しなければならないＪＩＣＡは、この言葉を使っている。ただ、ＪＩＣＡの説明にしても、ＣＡＲＥＣの説明が十分でなく、なじみのない人には理解するのがたいへんだ。

ＡＤＢは、その広報が回りくどくても、ＣＡＲＥＣ参加の国や国際機関をその都度紹介している。参加している国が、アフガニスタン、アゼルバイジャン、中国、カザフスタン、キルギス、モンゴル、パキスタン、タジキスタン、トルクメニスタン、およびウズベキスタンの計一〇か国、そして参加している国際機関が、ＡＤＢ、欧州開発銀行ＥＢＲＤ、国際通貨基金ＩＭＦ、イスラム開発銀行ＩｓＤＢ、国連開発計画ＵＮＤＰ、そして世銀の計六機関、といったパートナーの記述を忘れていない。また、一九九七年に発足し、二〇〇一年には事務局がＡＤＢ内に置かれるようになり、パキスタンやトルクメニスタンは二〇一〇年に加盟するなど、いまなお勢いよく発展するＣＡＲＥＣプログラムを紹介している。

二〇一〇年一二月二日のタジキスタン政府のニュース・リリース（Kyrgyz Republic, Tajikistan Sign Cross-Border Transport Agreement under CAREC）は、タジキスタンとキルギスの両政府が物資の国境越えについて合意し、かつそれがＣＡＲＥＣの枠組みでは初めての合意だと発表している。

内容は、両国間の国境道路検問所の整備が不十分だけでなく、税関、入国そして検疫の際の過剰で時間のかかる書類審査、さらには競争や取引を阻害する積荷制限といった多くの障害があり、これら負荷をできるだけ小さくしよう、それでもってヒトやモノの行き来を円滑にしよう、とするものだ。もちろん、これだけでは抽象的すぎて、イメージが湧かないし、開発の必要性を納得させるレベルではない。さらに先を読んでいくと、中国からキルギス、タジキスタン、そしてパキスタンと続く国境道路で現在起こっていることは平均で、検問所手前で待つこと六時間、税関通過に四時間、また警察検問に二時間にもなるという。こういったことから、国境越えはかなりたいへんなことが伝わってくる。

国境越えの不都合は、キルギスとタジキスタンの間だけではない。

二〇一一年一月一五日付けフィリピン・マニラ発ニュース（ＰＮＡ）（ADB lays groundwork for easier border crossing in Central Asia）によると、中央アジアで二〇トントラックがわずか五〇〇キロの道を行くのに待ち時間が平均二四時間にも及ぶ実態があるという。そのうちの多くが劣悪な道路インフラ、検査の際の不十分な機材が原因となっているとしている。中央アジアの物流にいかに多くの困難を来しているのかがよく伝わってくる。それでは、国境越えの際にヒトもモノもスムーズに移動できるようにするには、ＡＤＢはなにかしてくれるというのだろうか。

このニュースによれば、その国境越えの手続き改善について、実施が可能かどうかの調査（a feasibility study）の費用として、二〇〇万ドル（約一億六千万円）を贈与しましょうと表明しているのだが、噛み砕けば、ＡＤＢがこのお金を使って開発計画作りに協力しましょうと言っている。それだけでなく、その調査の後には、二億ドル（一六〇億円）のプロジェクトが見込まれ、そうなれば、うち一・五億ドル（一二〇億円）部分を融資しましょうと示唆している。

このようなスムーズな国境通過手続き、また先に触れた道路建設プロジェクトなどは、その場その場で状況的に実施しているようにも見えなくもない。プロジェクトがこま切れで、それもあちらこちらに飛んでいるからだ。ところがどうだろう、さらに調べていると、どうも昨日今日に出てきたアイデアではなく、きちんとした考えや方針がありそうなことがわかってきた。しかも、方針だけに終わらず、それにしたがってこれまで見てきた個々のプロジェクトにそれなりに意味があるように思えてきたのだ。

それを決定的に私に印象づけたのがADBのCARECサイトだった。そこには二〇〇八年一一月、アゼルバイジャン国のバクー市で行なわれた第七回大臣会議で承認された文書が載っている。その「運輸・貿易促進のための実施アクション・プラン（Implementation Action Plan for the Transport and Trade Facilitation Strategy）」という文書は、つぎのようにこれから整備すべき回廊六路線（the six CAREC corridors）を示している。もちろんそれ以前に、路線の話は聞いていたのだが、それらは、一枚の地図の上にすべての道路が示されていて、線をごちゃごちゃと引いてあるに過ぎない。ところがこのアクション・プランでは、回廊ごとに目に見える形で示されているのが実にありがたい。ここでは都合から各回廊を地図で示すことはしないが、ヨーロッパとアジアをつなぐ壮大な道路計画となっていることが理解されると思う。

第一回廊（ヨーロッパ――東アジア）
第二回廊（地中海――東アジア）
第三回廊（ロシア――中東・南アジア）
第四回廊（ロシア――東アジア）
第五回廊（東アジア――中東・南アジア）
第六回廊（ヨーロッパ――中東・南アジア）

ここで興味を惹くのは、中央アジアの記載がないことだが、それは当然のことながら、この地域が中心となって道路がつながっていくことを示している。そして、これら回廊地図から、先に触れたカザフスタンの道路整備の「南北物流路」は第六回廊の一部、また「東西回廊」は第三回廊の一部を構成している。これら回廊六路線の整備は、パートナーも一緒になって取り組み、二〇一七年の完成を目標にしているという。

二〇〇八年末のバクー会議から、これまでみてきた道路整備や国境越えのプロジェクトを考えると、どうも、ここ数年は中央アジアの開発では、道路網建設がひとつの大きな話題になっていたのではないか。

そこから見えてくるのは、ＡＤＢが、全体開発計画を作って、パートナー国やパートナー国際機関に提示し、彼らから支持を得るという手続きをとっていることだ。しかも、プロジェクトの実施には、ＡＤＢ自らが融資することはもちろんだが、パートナー国際機関をも巻き込み彼らの融資活動をも促進している。事務局がＡＤＢにあるにしても、その事務局がおぜん立てをしなければ会議は動かないし、パートナー間の合意も進まない。

私には、広大な地域での壮大な開発計画を推進するＡＤＢ関係者の興奮が伝わってくるように思えた。

ユーラシアの鉄道構想

残る鉄道の分野に移りたい。

中央アジアでは、山岳地帯のつらなるキルギスやタジキスタンよりも、平地の多いカザフスタンやウズベキスタンの方が鉄道の役割が重要と考えられる。私のタシケント在勤中に、欧州開発銀行ＥＢＲＤがカザフスタンの鉄道網の近代化プロジェクトに二億ドル（一六〇億円）の貸し付けを約束した、との報道があった。あの広大なカザフスタンの国土では、物流の五九パーセントが鉄道輸送に頼っており、旅客の一一パーセントが鉄道を利用するなど鉄道の役割は大きいという（"EBRD to support railway transport reform in Kazakhstan" by Sergiy Grytsenko Accessed on 01December 2010 http://www.ebrd.com/english/pages/news/press/2010/101201.shtml）。

そして、私のタシケント滞在中に鉄道建設でもっとも話題になっていたのが、ウズベキスタンのテルメズ（Termez）からアフガニスタンのマザリ・シャリフ（Mazar-i-Sharif）に続く鉄道建設だ。もう少し正確に言うと、ウズベキスタン側のテルメズからアフガニスタン側のハイラタン（Hairaton）までは鉄道が通じているが、これを延伸してマザリ・シャリフにつながる区間の工事が進んでいる（地図5）。延伸にはADBが貸し付けを行ない、その工事を請け負ったのがウズベキスタン国営鉄道公社、完成予定が二〇一一年となっている。ウズベクーアフガンの間の輸送実績は、二〇〇九年の三三〇万トから二〇一〇年の四五〇万トンに増加している

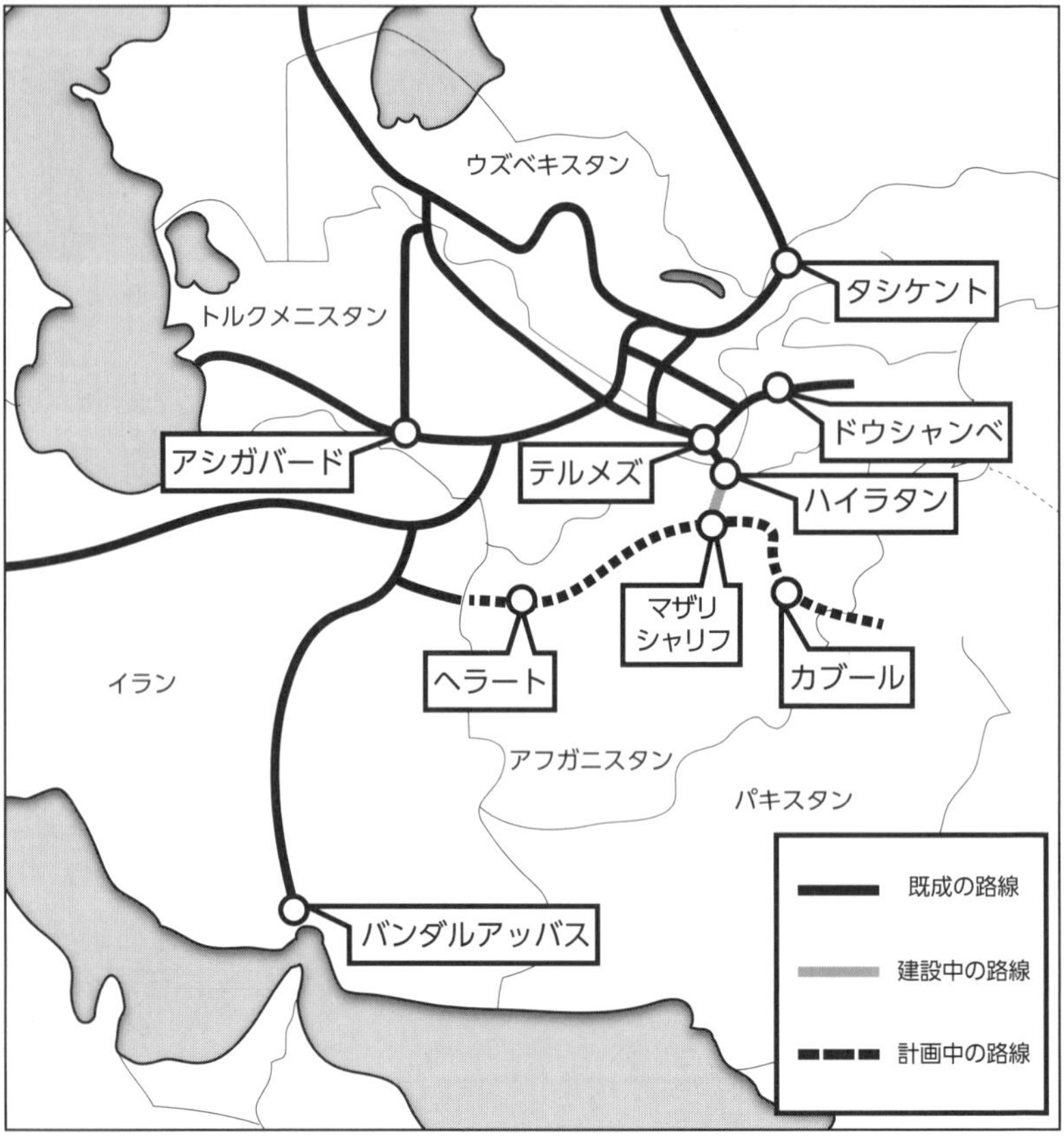

地図５：ウズベキスタン周辺の鉄道

が、延伸ルートが完成すると数年後には輸送量が五倍以上になると見込んでいる（二〇一〇年六月三日付け毎日新聞「物流、希望の橋」大前仁および大木俊治記者）。

それにしても、なぜウズベク——アフガン国境が話題になるのだろうか。

このルートには、とくにウズベキスタンの思い入れがあるように見える。もちろん道路建設と同じように、米軍の物資補給ルートとしてパキスタンからアフガニスタンに輸送する「南ルート」はテロが多発しているので、アメリカがこちらの「北ルート」に期待をかけているのはわかる。それで、ウズベキスタンはというと、海に出るのに二か国を通らなければならない世界でも珍しい内陸国となっているために、アフガニスタンを越えてなんとか海に面したパキスタンやイランに続く物流ルートを確保すること、これが悲願にもなっている。

それでも、なぜ、容易に実現しないかというと、この国はアフガニスタンの過激主義者タリバン等の侵入をそれ以上に嫌っているからだ。ウズベキスタンの人たちは、平穏安寧に暮らす平和主義者が多い。「僕たちは、地域コミュニティーの人たちと仲良くやっている。できるだけ争いを避けるのがウズベク人の暮らし方なのです」とはよく聞く言葉だ。もちろん、欧米メディアがよく言うように政権維持のためということもあるだろうが、他方では、人々がイスラム過激主義者に平和を乱されるのを極度に嫌う人たちであることも理解する必要がある。ウズベキスタンはこれまでも、国境を越えてやって来そうなイスラム過激主義者に対しては断固阻止に動き、事実一九九七年には国境を閉鎖している。こうしてみると、アフガニスタンの平和は自国の利益だとし、この点ではアメリカのタリバン掃討には協力的だ。二〇一〇年八月二四日付けグルナラ・カリモーバ論文（Gulnara Karinova http://www.carnegieendowment.org/2010/08/24/uzbekistan-s-view-of-regionalsecurity-in- central -asia-/co6）が、この思い入れについて詳しく書いている。

　この国境に関心をもつ国はほかにもある。中国もウズベキスタン－アフガニスタン－パキスタンの鉄道建設に大きな期待を寄せている。先に触れたように二〇〇七年にアイナク銅山（Afghan Aynak copper mines）の採掘権を得たものの今もって搬出することができないでいるからだ。このため、中国金属公社

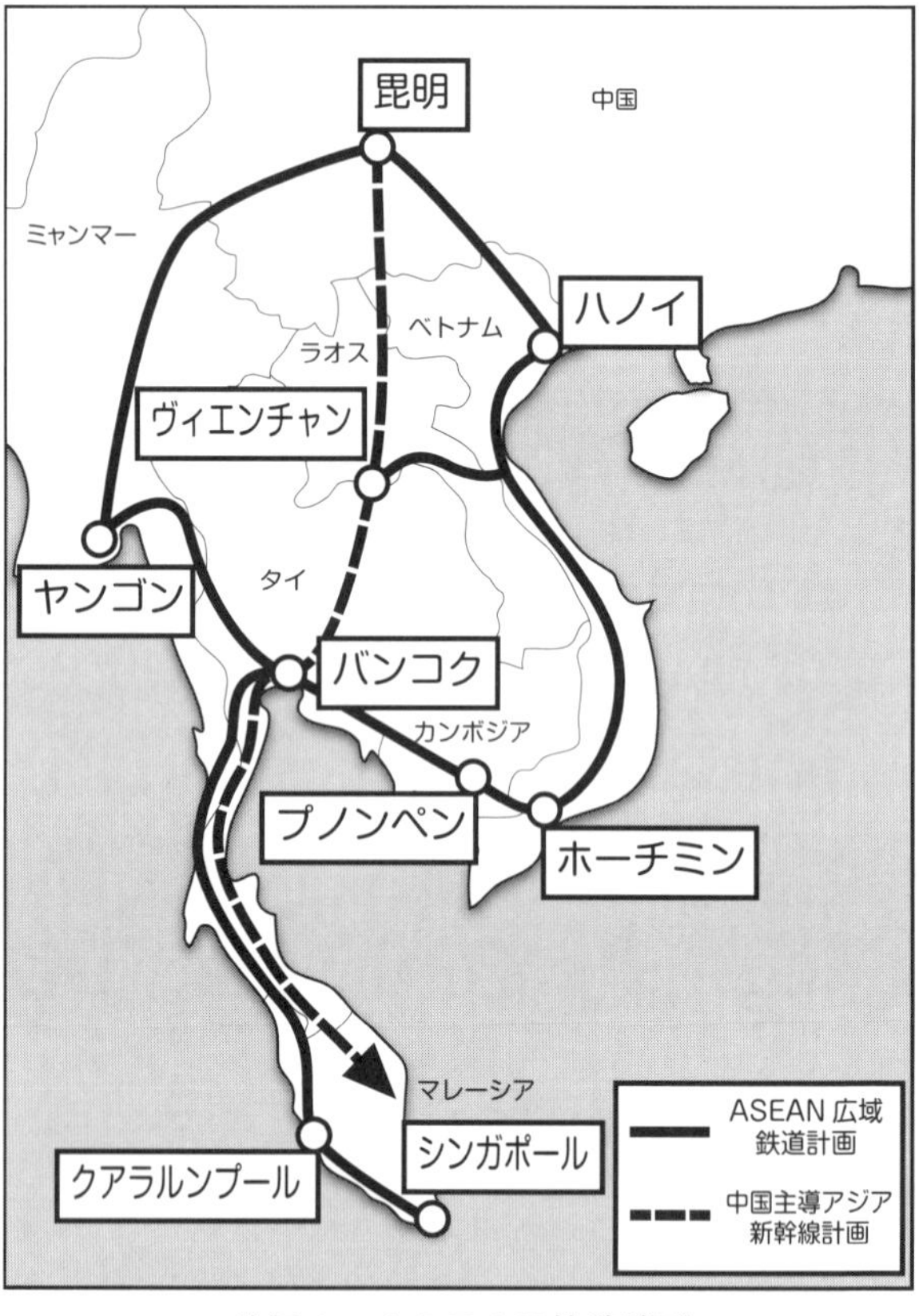

地図６：ＡＳＥＡＮ鉄道計画

（China Metallurgical Group Corporation）が鉄道建設の調査を行なうことにしていて、自社の負担で建設し、支出費用にみあう利益が出たところで、所有運営をアフガニスタンやウズベキスタンに渡していくことまで考えている。これは、二〇一〇年九月三〇日付け（("Uzbekistan-to-Pakistan rail line to cost $5B" http://www.universalnewswire.com/centralasia/viewstory.aspx?id=1853）の報道による。

この国の中央アジアを含む周辺国の鉄道建設にかける思いは尋常ではない。アフガニスタンへの鉄道の乗り入れ以外にもいくつかの鉄道建設計画があるように見える。少々回りくどいが、中国の鉄道建設への関心が周辺国にも大きく影響しているので、そのアウトラインを示したい。

ひとつは、「ＡＳＥＡＮ広域鉄道計画」である（地図６）。鉄道網の南の起点はシンガポールから北の中国・昆明、その間の区間に位置するタイ、マレーシア、ベトナム、カンボジア、ラオスそしてミャンマーの八か国で線路敷設工事を実施する。一九九五年の首脳会議で提唱されたものだ（二〇一〇年九月八日付け日本経済新聞「中国、鉄道整備で攻勢、ＡＳＥＡＮ広域網」岩本陽一記者）。とくにベトナムのホーチミン市とカンボジアの首都プノンペン、タイの首都バンコクから中国雲南省の昆明までそれぞれ新規路線としてつなぎたいとしている（二〇一〇年九月一七日付けフジサンケイビジネスアイ「タイ―中国、動き出す鉄道計画」シンガポール支局）。

第二は、同じく中国雲南省の昆明からラオスを経てタイに至る「アジア新幹線構想」だ（地図６）。タイ政府は中国の支援で、国土を南北に貫く高速鉄道の建設に乗り出す方針を固めたという（二〇一〇年九月九日付け毎日新聞「中国『アジア新幹線構想』前進」西尾英之記者）。

第三は、いよいよ「シルクロード鉄道構想」だ（地図７）。中国新疆ウイグル自治区から、中央アジアとイランを経てトルコまで結ぶもので、既存の鉄道網に新たな路線を追加し、ユーラシア大陸を横断する約五〇〇〇キロのプロジェクトとされる（二〇一〇年一一月一九日付け産経新聞「シルクロード鉄道構想、始動」河崎真澄記者）。先のウズベク―アフガン国境越えもこのなかに含まれると思われる。

第四に、今度は中国の「ユーラシア横断高速鉄道構想」だ。二〇一〇年一一月二九日付け人民網日本語版（「夢のユーラシア横断高速鉄道、実現へ前進」）は、中国がブルガリアとトルコにこの高速鉄道計画への参加を打診したと報じている。もちろん、開発資金は莫大なものになること、中国一国で負担するのは困難であること、一〇か国以上に上る国を通過するのに調整がともなうこと、さらには山あり河ありの地形から技術的困難があると指摘する声もある。しかし、こうした中国の動きは、関係国を巻き込む第一歩とも言えよう。

二〇一〇年一一月は、多くのマスコミが中国の鉄道建設計画を次々にとりあげた時期であったが、これらは中国の鉄道建設のグランド・デザインが出そろいいよいよ公表段階に来ていることを示している。四月の英エコノミスト誌記事は、新しいシルクロードの役割について、中国が構想するつぎの時代の高速鉄道を紹介するものだったが、ここに来て中国政府自らがその鉄道計画のお披露目を行なったとも受け取れる。

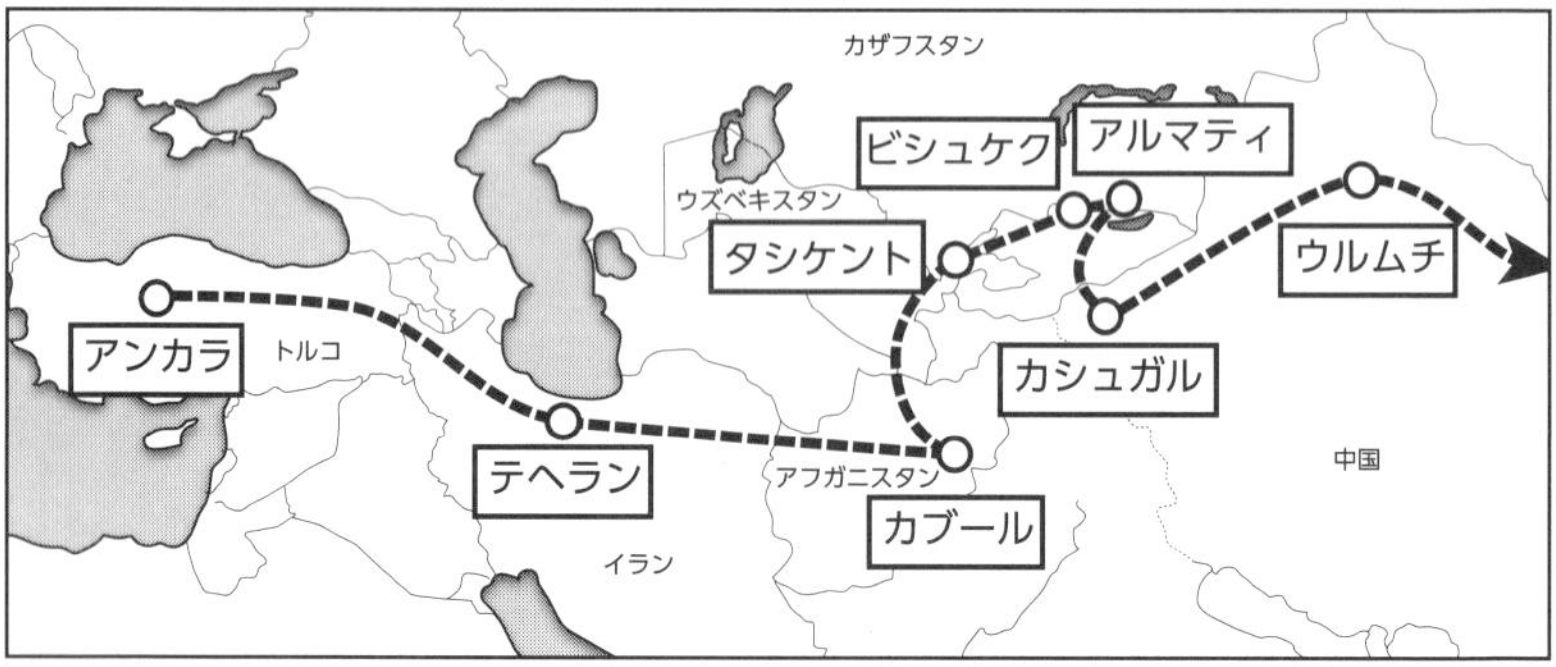

地図７：シルクロード鉄道構想

ビジネス学院卒業式でのスピーチ

以上の通り、パイプライン、道路そして鉄道の整備が進んでいることから、たしかに、今後も「新しいシルクロード」の形成が進むとする英エコノミスト誌の論考はまちがいではない。しかし、だからといって、すぐにそうした開発がスムーズ進むとも思えない。ここでは、「新しいシルクロード」の意味を整理してみたい。

第一は、三分野の開発は、二一世紀になって突然出てきたものではなく、九〇年代に構想され、それが今に引き継がれてきていることに気づく。もっといえば、ソ連崩壊後に多くが構想され、ここに来てそれらが一定の形を見せ始め、大プロジェクト開始の時期に入って来たと認識するのが適当ではないか。この意味で、ソ連崩壊まで何十年にもわたりにほとんど動きがなかった状態から、これを契機に地域や国々の「近代化」や「開発」が動き出すようになっている。旧ソ連は、中央アジアの近代化への道を阻んでいたのではないか。

第二に、先のＣＡＲＥＣ計画では、道路の建設目標が二〇一七年であり、中央アジアの人たちには目に見える形で開発が進んでいくにちがいない。それは工事現場の音が近くに遠くに鳴りわたる、向こう五年、一〇年の期間となるにちがいない。また鉄道分野では、夢の高速鉄道の完成目標が二〇二五年でかなり先だが、それよりも前に通常の鉄道網建設が進んでいくので、こちらも人々の目に見える形で進んでいくことにちがいない。それにともなって、道路と鉄道で域内外のヒト、モノ、カネ、そして少しずつでも情報が行き来するようになるにちがいない。しかし、どれもすぐに実現するという代物ではない。十年単位で実現していくものと考えてよさそうだ。したがって、英エコノミスト誌の言う「新シルクロード」の現実は時間をかけて進んでいくが、その始まりを象徴的に表現したにすぎないのではないか。

第三は、どうだろう、すべてが手放しで、開発が進んで行くとは思えない。たとえば道路建設について、道路は造ってもその後の保守や管理（メンテナンス）が重要となるが、発展途上の国では、その予算が潤沢でなく、道路建機や技術人材の確保がむつかしい。せっかく舗装した道路もメンテがないままに時間が経過すると、またしてももともとの木阿弥の埃っぽい道路となる。交通量が多く、料金徴収が適切に行なわれれば、その資金をつかってメンテナンスもスムーズに行なわれるが、少なくとも舗装直後の交通量の確保は容易でないし、経済状況から見れば料金徴収もむつかしい。急に開発が進むというよりも、やはり長い時間のなかでものごとを見ていく必要がある。

第四に、開発のベクトルは、経済の論理で一定方向に向いているものの、偶然の事情に大きく左右される。トルクメニスタンから中国までの天然ガスのパイプライン輸送が実現したのは、低価格の時期で、それもパイプラインの爆発という偶然が重なったことは先に述べたとおりだ。それを現在の状況にあてはめれば、本書を執筆中に起こった三月一一日の東北地方太平洋沖震災と巨大津波、そして福島原発事故から、原発の安全性と是非について大きな議論が行なわれている。それも日本だけではなくて、先進の欧米から開発途上国も含め世界中の関心となっている。そして、六月には、ドイツが原子力発電を廃止すること決め、またイタリアでは国民投票で同じことを決めている。さらには、原発に代替する発電方式として太陽光や風力へのシフト、また炭酸ガスをあまり出さない天然ガス発電などにも議論が向いている。こうしたことから、本書執筆の六月時点ではメディアでも取り上げられているのをみたことはないが、原発廃止を決めたドイツ、この国を中心としたEUが、トルクメニスタンからの天然ガスのナブッコ・パイプラインの建設を真剣に検討しているところに来ているのではないか。むしろ、中央アジアの天然ガスや石油のパイプラインを追っていると、そうした動向に敏感になってしまうのだが、日本としても、中央アジアへのアプローチをどのようにすべきなのか、大いに参考になるはずだ。

以上が「新シルクロード」の意味するところだが、これに関連して、タシケントで私が経験した、ちょっとしたエピソードを紹介したい。

米ニューズウィーク誌を購読していたことは、すでに述べたが、いつも届けられる雑誌はどういうわけか、手元に届いたときには、すでにだれかが読んでいてよれよれになっていた。その二〇一〇年六月三日号も例外でなく、よれよれになっていたのだが、よく見ると「新シルクロードの野望」の英文記事が切り取られていた。目次通りの記事がないものだから、すぐにわかる。さっそく雑誌の販売者にクレームして、その雑誌を渡し、後日新しいものをもってくるように依頼した。私も、この種の記事にはつよい関心があるので、なんとか入手したい思いだった。販売のおばさんは、すぐに雑誌をもってきますとは言うものの何日待っても何週間も経っても、もちろんその雑誌は届けられることはなかった。私は、この国のサービスに対する姿勢を考えれば、このようにクレームしたところで新しいものが届くとはもとより期待していない。

タシケントでは、多くの部数のニューズウィーク誌が出回っているとは思えない、かりに入手可能であっても、購入するのに、多くの若者に金銭的余裕があるとは思えない。だから、その記事が切り取られていることがわかった瞬間、はは一ん、欧米の雑誌から、世界が中央アジアの将来についてどのように見ているのか、あるいは、自分の住んでいる地域が最近どうなっているのかつよく知りたいと考える人がいるものなのだ、と思った。社会全体を考えれば、これはなかなかいい兆候だ。世界や自分たちの国について知りたいと思う若者が少しずつ増えていくことで、彼らの社会が変わる契機になるからだ。しかも、その流れはだれも止めることはできない。

私は普段から、開発の進む明るいウズベキスタンや中央アジアの社会について、若い人たちに話してきたが、この切り取り事件のエピソードを経て、彼らにもっともっと紹介したいと思った。それで、またしても話が飛んでしまうが、つまるところはどうしても、日本センターに戻ってきてしまう。

ＰＭＰコースは半年なので、年二回の卒業生を社会に送り出していることはすでに述べたとおりだが、その卒業式で毎回私は、卒業生にできるだけ希望のある未来についてスピーチしてきたつもりだ。英エコノミスト誌の記事掲載からまもなく、私はこのことは彼らに話したい、いやなんとしても話しておかなければならない、と思った。さっそく卒業式で、つぎのような話をさせてもらった。

「皆さん、最近私の目にとまった英エコノミスト誌の記事を紹介したいと思います。それによれば、中央アジアはこれから大きく変貌しようとしています。どう言うことかといいますと、二〇〇九年末には天然ガスがトルクメニスタンからウズベキスタンとカザフスタン経由で中国に通じるパイプラインがつながり稼働を始めたのはご存じの通りです。天然ガスや石油のパイプラインは、ほかにもいろいろ計画されているようです。また、中央アジアを東西南北に走る道路網の建設が進んでいることもご存じかと思います。とにかく中央アジアでは陸路輸送のインフラ建設が進行中です。それは、鉄道網の建設でも進められようとしています。英エコノミスト誌の最近号は、中央アジアでの、これらパイプライン、道路網、そして鉄道網の三分野の開発がこれからも力強くどんどん進んでいくと言っています。

突然こうした話をしても、なんのことかと思われるかもしれませんが、ことは何百年、何世紀ものタイム・スパンの話でもあるのです。それでこの雑誌によると、東のアジアと西のヨーロッパを結ぶいわゆる陸のシルクロードが栄えたのは数百年前までで、言いかえればこの陸路は数百年にわたり停滞していたと言うのです。反対に世界は大航海時代を迎えて、モノを運ぶのは陸路から海路に移っていったのです。そうした眠りの時代を経て、昨今では陸路輸送が注目されるようになり、それには、パイプライン、道路そして鉄道の三分野が充実することで、シルクロード復活の基盤ができつつあるというのです。

鉄道についてはこう言っています。まず中国がヒマラヤ山脈のチベットのラサ（Lhasa）まで鉄道を敷き、二〇〇六年以降五〇〇万人がこれを利用したというのです。そして今や中国は、その先のネパール、バングラデシュ、そしてブータンにつながる鉄道建設を望んでいるといいます。それだけではありません、中国は関係国と一緒になって二〇二五年を目標に、アジアからヨーロッパにかけて世界でもっとも長い区間でもっとも速いスピードで走らせる鉄道網を作る構想をもっているのだそうです。これには三つのルートが考えられており、それには二四もの国々が関係していて、もちろんウズベキスタンも含まれると思います。その提案によれば、南のシンガポールから西のドイツまで突っ走るようになる、また、上海からロンドンまでたったの二昼夜で走破してしまうというのです。

二〇二五年と言えば、一五年先、まだまだだと思われるかもしれませんが、それが二〇年かかったとしても、皆さんがビジネスの第一線で活躍している歳格好なのです。そうした国際化は一挙には進みませんが、気がつけば東のアジア、西のヨーロッパにつながっている、そういう中央アジアの時代がやって来ようとしています。そして、多くの事業が当然起こって来る、そうしたなかでビジネス・チャンスがもっともっと拡がる環境が生まれます。

この日本センターでビジネスを学んだ皆さんは、今も各方面で活躍していますが、そうした新しい時代のビジネスを担う人材なのです」

日本センターが進めるビジネス人材の育成は、現在だけでなく向こう一〇年、二〇年をかけて花が開くことは疑いない。

第9章　なぜ、日本は中央アジアの開発にかかわるのか

ふるわない日本との貿易

いよいよ最終章になった。そして、ここでは私なりの疑問を解決しなければならない。なぜ、日本は、遠く離れた中央アジアに開発支援を行なわなければならないのか、これが私のタシケント赴任前からの問題意識だった。

もちろん、政策を打ち出す官庁が考えればいいことなのかもしれず、結論が出ないような議論をしたところで、どうなるわけでもない。何もそんな根っこの議論をしなくても、順調な日本センターの運営に専念していればいいのかもしれない。なかでも、相手国のおかれている社会経済状況のなかで最大限のインパクトを出せるように運営することが求められ、それらは前章まで延々と議論したとおりで、ここまでやれば、国際協力専門家としての私の仕事の範囲はカバーされているのではないかと思わないでもない。

加えて、ウズベキスタン日本センターは、絵に描いたようにすばらしい成果をあげている。国民の多くが中小零細企業で働く人たち、それも市場経済化が求められているにもかかわらずビジネスのなんたるかを知らない人たちであり、彼らに焦点をあてたプロジェクトとなっている。いわば、もっとも必要な部分にもっとも鋭く切り込んだ、もっとも適切な援助となっている。今風に言えば、たいへんスマートな援助だということになる。

しかし、海外援助に長くかかわって来た人間としては、それを超える課題に取り組みたい、かりに物理的に取り組めなくても、「なぜ日本は、遠く離れた中央アジアで開発支援を行なわなければならないのか」について十分考えておきたい、と思った。考えてみれば、国際協力という仕事がら、どの途上国に行っても、無償資金協力であれ、技術協力であれ、あるいは有償資金協力であれ、はたまたボランティア派遣であれ、同じように、なぜこのプロジェクトなのか、なぜこの国なのか、を考えながら仕事をしてきた。だから、タシケントにきて初めて問題意識として出てきたという種類のものでもない。こういった問題意識は、中央アジアに限ることなく、遠く離れた中東アフリカやカリブ中南米への援助の議論にも当てはまる。ただ、それでも、国際協力活動を日常行なっているから目から見ると、ひょっとしたら、ちょっとちがった整理ができるのではないかという思いもある。

さて、私がタシケントに赴任してまもなく、ある大学の先生が調査に来られ、質問の機会を得た。

「先生、質問していいですか。先生は長年この国の経済開発についてかかわって来られたと思うのですが、いったい日本の国として、この国や中央アジアに国際協力をしなければならない必然性はあるのでしょうか。あるとすれば、どのようにジャスティファイ（正当化）されるのでしょうか。

私がこのウズベキスタンに来てわかったことは、二〇〇七年の日本との輸出入の貿易額が、ほんの〇・五パーセントしかないということでした。上位には、ロシアの二八パーセント、カザフスタンの八パーセント、ウクライナもほぼ八パーセント、トルコの五パーセント、中国も五パーセントと並んでおり、ずっと下がって日本は一九位でほんとうに少ないことを知りました。

また、その反映なのでしょうか、日本からの進出企業は一〇社程度の横ばい、ここ数年増加していません。ロシアからは七〇〇社ともいわれる進出企業があり、韓国でも一〇〇社ともいわれていますが、日本は一〇社にも満たない状態です。この関連で、在留の日本人数もウズベキスタンで一〇〇人程度、あの経済関係が強いと思われるカザフスタンですら同じように一〇〇人程度の日本人しかいないと聞いています。このように見ますと、日本とウズベキスタンとの、あるいは中央アジアとの経済関係は、必ずしも密接だとは思えないのです。

一方では、日本の援助予算が急激に縮小しています。聞くところによると、アフガニスタンやアフリカなど特定の国や地域に援助額の多くがそそがれ、今後はそのほかの地域、とくに中央アジアに今までのような予算配分が期待できそうにありません。こうした事情を考えますと、ウズベキスタンへの支援、あるいは中央アジアへの日本の開発援助がどうしても必要だと考えることはできるのでしょうか」

先生は、一瞬黙ってしまわれた。そうかんたんに回答ができる問いかけではない。それでも、押し殺すような声で返ってきた言葉がとても印象的だった。

「おそらく、現在の日本との経済関係を考えれば、おっしゃるとおりだと思います。ただ、私の考えは、そうしたことがあるにしても、日本人や日本の将来を考えると、多くの地域や国々ときちんとした関係を作っておくことは大事なのではないかと思っています。これも、はっきりした回答になってはいないのですが、現在の状況ばかりを考えて、それでもって直ちに協力が不要ということはできないと思います。われわれの世代だけのことを考えるよりも次世代の人たちのことを考えてはいかがでしょうか」

とりあえずは、私の疑問にも納得いただいている。そして、基本的には、この地域との国際協力に肯定的に考えておられる。

おそらく、援助予算の潤沢な九〇年代の日本の援助では、相手国の発展に手を貸し、貧困削減に協力するなど、開発の本筋にしたがって援助を行なっていたのだが、援助予算が半減している昨今の日本を考えると、これまでと同じような認識で済むとは思えない。もっと言えば、日本国民にも納得いただけるような援助に変わっていかなければならない。

先生に質問をしてからはや二年が経過、またプロジェクトの専門家の仕事を無事に終えたところで、中央アジア援助が政策的にどのような意味があるのか、この章で考えてみたい。

大使館等の設置ラッシュ

独立からまもない中央アジア各国にかかわりをもつようになった西側社会はどうだったのか、おおざっぱだが確認しておきたい。とくに、英米独仏あたりの西側先進国がどのように中央アジア地域にかかわるようになっているのか、そうした事実から日本はどのような位置にあるのか考えてみたい。

そこで、西側の大使館設置年を調べようと思い、インターネットで情報収集を試みるのだがなかなかうまくいかない。フランス外務省のサイトをみても、ソ連の崩壊と中央アジア各国の独立からかなりの時間が経過しているために、彼らが大使館を置いた年月にまでもはや言及はない。そのなかでただひとつ、フランスがトルクメニスタンと外交関係を始めたのが一九九二年二月、その大使館設置が一九九四年四月とあったので、これから推測して中央アジア各国には、同じような時期にフランスの大使館がつぎつぎに設置されていったと想像される。

中央アジアのすべての国について、西側先進国の大使館設置年を把握するのはむつかしいが、私には調査のしやすいウズベキスタンについて調べてみた。結果は、アメリカとドイツが一番早く一九九二年、フランスが一九九三年、イギリスは、どういうわけか一九九六年と出遅れている。友人にタシケントのロシア大使館に、同じように聞いてもらったところ、ウズベキスタンとの国交樹立は一九九二年三月というのはわかったのだが、その大使館設置については、奇妙なことに、だれもそれがいつだったのか知らないという。ウズベキスタンには、ソ連が崩壊するずっと前から、同じ国であったこともあり、何月何日に設置しましたというのは、あまり意味のないことなのかもしれない。

それでは、日本はどうだったのか。

外務省欧亜局内に新独立国家（New Independent States: NIS）室が設置され、バルト三国とロシアを除く一一か国（中央アジア五か国、アゼルバイジャン、アルメニア、ベラルーシ、グルジア、モルドバ、ウクライナ）を担当する部署ができた。一九九三年から九五年まで、その室長を務められた廣瀬氏によれば、一九九二年一～九月に、中央アジア五か国とも外交関係を樹立し、地域の大国ウズベキスタンとカザフスタンには早々と一九九三年に大使館を設置したという（廣瀬徹也、二〇〇六年、筑波大学大学院地域研究科論文集、「ユーラシアと日本」所収、『日本のシルクロード地域外交』）。もっとも、タジキスタンに大使館を設置したのが二〇〇二年で、トルクメニスタンには二〇〇五年と出遅れている。

つぎは各国援助機関の設置状況だが、これもウズベキスタンの情報しか手元にない（"Development Co-operarion Report UZBEKISTAN 2009" by The Ministry of Finance of the Republic of Uzbekistan）。

それによると、アメリカの援助機関ＵＳＡＩＤは一九九三年に開始している。ＵＳＡＩＤは通常、大使館のなかに事務所があり、とりたてて別の事務所を構えているわけではない。ドイツの援助機関ＧＴＺの事務所は一九九二年に設置され、大使館設置と同じ時期だった。イギリス援助省ＤＦＩＤの事務所はキルギスの首都ビシュケクにおかれていて、そこからウズベキスタンの援助を担当しているのだという。韓国ＫＯＩＣＡは、ウズベキスタンには朝鮮系の末裔が多いこともあり一九九六年に事務所を開き、日本のＪＩＣＡは、少し遅れて一九九九年に事務所をスタートさせている。

そして、ウズベキスタンの各国文化センターについては、第二章で見たとおり、インドが一九九三年、フランスとイギリスは一九九六年、ドイツが一九九八年、そしてロシアと日本が一番遅れて二〇〇一年にそれぞれ開設に及んでいる。

国際金融機関はどうだったのかというと、世銀は一九九二年、アジア開発銀行は一九九八年に、それぞれ事務所をオープンしている。

このように見ると、中央アジア全体を見渡しても、一九九一年の中央アジア各国の独立からまもなく、大使館、援助機関事務所、文化センター、さらには国際機関事務所が設置され、一九九〇年代は、まさしく外国政府系機関の設置ラッシュだったことがわかる。また、中央アジア各国にとっても国際社会に仲間入りし、国際社会にデビューした一〇年だったといえるだろう。この当時、このような外交関係樹立と大使館等の設置といえば、ことは中央アジアだけでなかった。ソ連崩壊とともにコーカサスの国も独立したために、それら新しい国とも外交関係を早急、かつ、一挙に作り上げなければならなかった様子がうかがえる。先の廣瀬氏によれば、「一二か国外交はほぼゼロからの出発、外交の新天地であった」と言い、「本省、在外公館とも一握りのスタッフで開始、ロシア以外のＮＩＳに関する情報は少なく、また先方政府も外交には不慣れなため、対ＮＩＳ諸国の外交は言わば『走りながら考える』というのが実態であった」とされる。

とにかく、西側先進国の間では、そうした地域や国への関係強化が一種のブームのような盛り上がりを見せていたと考えられる。このような流れのなかで、日本センターが必要とされたことがよく理解できるのではないだろうか。

対中央アジア援助実績

つぎに、西側先進国の援助額の実績をみてみたい。

日本政府としては、中央アジアとの関係は重要と考え、政府開発援助を行なっている。それは、予算の規模の大きさに現れる。外務省の歴年度の政府開発援助白書の「日本が最大の援助供与国となっている国一覧」によると、つぎのようになっている。ここでは、ウズベキスタンとカザフスタンの実績を中心に拾っているが、カッコ書き部分は、日本がその年の援助でトップであることとそのシェアを示している。たとえば、九七年、日本はウズベキスタンで供与額ナンバーワン、そのシェアは七五パーセントにもなっていることを示している。キルギスとトルクメニスタンについては、トップ・ドナーの年のみを載せている。

（単位――百万ドル）

国名	（ウズベキスタン）	（カザフスタン）	（キルギス／トルクメニスタン）
九四年	二・五五	一・六二	キル四四・五（五一・二％）
九五年	一六・〇五	四・四〇	キル四五・八（四七・三％）
九六年	二五・二九	八・九六	キル四四・三（四四・六％）
九七年	八三・一六（七五・〇％）	四三・〇八（四六・〇％）	キル一八・一（三五・九％）
九八年	一〇三・〇（八三・三％）	九五・二一（五三・九％）	トル　四・四（五三・一％）
九九年	八一・六二（七二・四％）	六七・四五（五〇・五％）	キル六二・五一（五四・一％）
〇〇年	八二・二〇（六一・五％）	八三・三三（五二・三％）	キル四七・八（五二・三％）

〇一年　三〇・九二　四三・九三
〇二年　四〇・一六　三〇・一三
〇三年　六三・二二　一三六・七六（五九・八％）　トル　六・八（四〇・六％）
〇四年　九九・七五（四八・五％）　一三〇・七六（六四・三％）
〇五年　五四・四四（四四・八％）　六六・一七（四四・八％）
〇六年　一八・六一　二四・八七
〇七年　五六・三二（シェアは不明）　四三・三一
〇八年　四八・五三（シェアは不明）　三七・九〇
〇九年　二〇・四一　三七・一三

これら援助額は、①無償資金協力と②技術協力および③政府貸し付け（ローン）の合算なので、あくまでも金額ベースで示されている。なかでも、もっと能動的であるヒトの活動が求められるのが②の技術協力であり、これにはＪＩＣＡの出番となる（当時は、ＪＩＣＡは①と②を担当していたが、二〇〇八年一〇月より③が加わった）。より具体的には、相手国の保健所や病院、また大学そのほかの各種学校、さらには相手国政府との共同プロジェクトで農業や保健医療、そしてまた、日本センターのようなビジネス教育の分野の活動が求められ、そこには多くの青年海外協力隊やシニア・ボランティア、また、コンサルタントや国際協力専門家の活動がある。

こうしてみると、日本の開発援助は、独立したばかりの国を支援し、とくに中央アジア五か国のうち、九〇年代後半はキルギス、二一世紀に入った最初の五年はウズベキスタンとカザフスタンに、最大の援助国としてかかわってきたことがわかる。しかも、トップになった年だけについて見ても、支援国の間でもだんとつに大きい支援を行なってきた。そこでは、貿易関係が小さくとも、国際社会の一員として果たすべき役割を果たしている。

ところが、こうした傾向は長続きせず最近では、つぎのようにカザフスタンへの援助の勢いが衰えている。

	一位	二位	三位
(〇六年)	アメリカ、	日本、	ドイツ
(〇七年)	アメリカ、	ドイツ、	日本
(〇八年)	アメリカ、	日本、	ドイツ

ウズベキスタンへの援助はどうかというと、つぎのように、日本もなんとか踏ん張っている状態だ。ただ、二〇一一年七月七日現在、ネット上の政府開発援助白書には、二〇〇九年以降の実績は載っていないが、傾向としてはさらに予算減が続いているとみられる。

	一位	二位	三位
(〇六年)	アメリカ、	日本、	ドイツ
(〇七年)	日本、	アメリカ、	ドイツ
(〇八年)	日本、	ドイツ、	アメリカ

以上の通り、中央アジア、なかでも領土大国のカザフスタンと人口大国のウズベキスタンを中心に援助実績を概観した。そして、両国が国際社会に組み入れられる過程で日本も強力に彼らの経済社会の発展に協力してきたことが明らかになった。こうしたことから、日本が協力関係のある国のなかで、それなりに評価され、そのことは、日本センターの仕事を遂行するなかで日々感じることだった。しかし、日本の協力が評価されるのはありがたいことだが、それはあくまでも現地側の声であって、私の言う、日本にとって「なぜ中央アジア開発の支援が必要なのか」についてまだ答えたことにはならない。

目を離せないアフガニスタン情勢

ところで、アフガニスタンは中央アジアの一国ではないが、隣接しているので、どうしても触れておかなければなければならない国だと思われる。

国際開発ジャーナルの二〇〇九年七月号は、「なぜ中央アジアを援助するのか」と題する特別座談会を掲載している。見出しからして、否が応でも私の目に止まる。中央アジアに精通されている宇山智彦教授は、「ソ連崩壊後この地域が民族紛争の泥沼に陥るという見方もあったが、約二〇年経って、タジキスタン内戦が一時起きただけで、一般に思われているよりも平和で安定している。アフガニスタンのような不安定な地域と隣接しながら、これだけ安定を保っているのは、世界の安全保障にとっても大きい」と、アフガニスタンに言及されている。

また、河東哲夫元ウズベキスタン大使は、同じ座談会で「ウズベキスタン、タジキスタン、トルクメニスタンにとっては、国境を接するアフガンは安定してほしい。アフガン安定につながるＯＤＡを彼らは歓迎する。……忘れてはならないのは、中央アジアへの物流ルートは何本かあるが、(イランの)バンダル・アッバース港、対岸のドバイ経由が最大級だ。西側の耐久消費財は、これらの港から鉄道かトラックで中央アジアに陸送されるが、アフガン・ルートができれば短縮される。アフガンの南下ルートは大切だと思う」と発言されている。たしかに、タシケントに日本車ほかの外車を輸入しようとすると、ドバイ経由が普通だった。ウズベキスタンの人たちが海に出ようとすれば、二か国を通過しなければならない、世界でも稀な、厳しい地理的環境にある。ウズベキスタンにとっては、アフガニスタンの平和は、自国の経済発展に大きなプラスとなる。

ここでいう南下ルートとは、八章の「日本も協力する道路整備」の箇所で取り扱ったウズベキスタン－アフガニスタンへの「北ルート」のことで、日本もかなり力を入れていることがわかる(鉄道については、二二八ページ参照)。

ところで援助関係者の間では、日本のアフガニスタンへの援助額が大きくなっていて、ほかの地域の援助額を圧迫していると言われているが、その額は国際的にみてどうなのだろうか。暦年の政府開発援助白書によると、アフガニスタンに注がれている額はつぎのようになっている。

	(一位)	(二位)	(三位)
○四年	アメリカ(七七八・二九)	イギリス(二二四・〇一)	日本(一七二・五二)
○五年	アメリカ(一三一八・三〇)	イギリス(二二四・〇一)	ドイツ(九九・二三)
○六年	アメリカ(一四〇三・七一)	イギリス(二四六・四九)	カナダ(八九・四七)

〇七年アメリカ（一五一四・二八）　カナダ（三四五・三九）　イギリス（二六八・七一）
〇八年アメリカ（二一一一・五八）　イギリス（三二二・三二）　ドイツ（二九四・〇二）
（カッコ内は援助額で、単位は百万ドル）

アフガニスタンには、英米を中心に多くの援助資金が投入され、国際社会総出で支援している姿が看てとれる。また、アメリカが中心となって実際に軍事的に戦っているなか、それと合わせる援助予算は大きいので、経済的社会的開発を急速に進める姿が浮かぶ。

この場合、日本はというと、〇四年に三位にはいるだけで、〇五年には五位にも入っていない。〇六年と〇七年は五位、〇八年は四位となっている。日本は、予算を多くとりアフガニスタン援助を行なうと言っているが、ここではトップ・ドナーというには程遠い。もちろん、戦闘が行なわれている国での開発活動であり、アメリカ軍やNATO軍と一体となって活動する欧米と同じように考えるには限界がある。むしろ、そうした日本の軍事的貢献の部分がないなかで、JICAを通じた日本の努力はよくなされていると思う。たいへんな危険を伴うアフガニスタンの開発援助にあっても、一かゼロかの議論よりも、できるところから協力している。関係者の話では、アフガニスタンは、一〇年前とは様子がかわり、かなり開発が進んだとも聞いている。

ただ、まったくの私の思いだが、一九九〇年代は、日本の経済力を背景に先進国ODAの最大支出国で、途上国支援全体の二割を分担していたが、そうした勢いは日本の援助から消えつつあり、このラインで、アフガニスタンで政府開発援助を通じて世界の平和に貢献している姿を見せることができないことにもどかしさを感じる。もっとも、これはあくまでも金額の話だ。

ところで昨今、とくに米軍やＮＡＴＯ軍が関与するアフガニスタンには世界の耳目が集まっている。アメリカ軍の撤退が日程にのぼっているからだ。オバマ大統領は、二〇一〇年に三万のアメリカ軍を増派し、いまや一〇万人にもなっているが、二〇一一年には、その撤収を開始するとしている。今後、その撤退が急速に進展するとは思えないが、国際社会は減少するアメリカ軍を考慮しつつ、アフガニスタンの平和確保に努力するだろう。

そうしたなか、アメリカの中央アジアを考える国務省や国防総省のなかにアフガニスタンの安定は、中央アジアの安定と裏腹と指摘する声がある（Muzalevsky , R. 2010 "US-Central Asian Relations: Going Beyond Afghanistan, January 20 Issue of the CACI Analyst, http://www/caci analyst.org/?q=node252)。そこでは、アメリカ軍の撤収した後も、中央アジアの協力を得なければならないのに、アメリカはそれに見合う措置を講じていないことも指摘している。

この意見は軍事面で中央アジア諸国との関係を述べているにすぎないが、それは政治経済の面でも同じラインで考える必要があることを示唆している。日本の中央アジア援助を考えるには、アフガニスタンとセットにした考えをもう少し前面に出すのがいいような気がしないでもない。

軍事的な貢献はできなくても、その必要のないところで、地味だが安全な、アフガニスタンの周辺国で頑張る援助もあっていいのではないだろうか。

アフガニスタンと中央アジアのセットについてもう少し言わせていただきたい。

アフガニスタンでは、アルカイダやタリバン、ウズベキスタン・イスラム運動（ＩＭＵ）といったテロ過激主義者との戦いが続いている。加えて、彼らが容易に国境を越えて活動しており（周辺国へのスピル・オーバー）、旧西側陣営だけでなく、ロシアや中国、またカザフスタンやウズベキスタンなども、このスピル・オーバーに神経をとがらせている。

そして、彼らの国境越えは、世界の九割を生産するけし栽培とも関連する。そのけしは、中央アジア各国のさまざまなルートを経て、さらにはロシアやコーカサスを経てヨーロッパにたどりつく。いわば、けしの密売が彼らの資金源にもなり、国際社会にとっても大きな問題だ。そしてここでも、意味あいは異なるがテロリストとけし栽培は、セットと考えなければならない。この地域のこうしたアフガニスタンの不安定は中央アジアに影響する可能性があり、反対に中央アジア、なかでもキルギスやタジキスタンそしてウズベキスタンが不安定化するならば、アフガニスタン問題の解決は遠のく。安定化の条件は、地道な経済社会の発展であり、それこそ援助機関の出番となる。

もちろん、現在でも日本の援助関係者は、アフガニスタン支援で中央アジアの国を活用できないかどうか、真剣に検討している。たとえば、タシケントの日本センターでアフガニスタンの人たちを研修訓練させようという考えだ。しかしどうだろう、この意味では、アフガニスタン支援の予算を使うことができるが、現実には、ウズベキスタン側の理由でアフガニスタンからの研修生を受け入れることがむつかしい。むしろ、アフガニスタンに関連していなければならないとする予算よりも、それとは完全に切り離して、ウズベキスタンの経済社会の発展をはかるとすることの方がすっきりするし、そうして周辺地域を強くすることが大事なのではないか。

いずれにせよ、アフガニスタンの安定のためには、中央アジアへの経済開発支援はかなり正当化されるのではないだろうか。そして、そのことは、たんにアフガニスタンや中央アジアへの支援だけではなく、世界平和への貢献と言う意味で、正当化されるのではないか。もちろん、日本政府は、この点を常に強調しているが、日本国民にはなお、遠くて見えにくい土地での開発援助としか映っていないように見える。けっきょくは、この克服には物理的に越えがたい面がどうしても残る。

日本の生き残りのために

ところで、二〇一〇年の政府開発援助実績（暫定値）の額はいまや、アメリカ、イギリス、フランス、ドイツ、に次いで五位となっている。予算の額が、ピーク時の半分にまで減少している。日本の国難ともいえる巨額の財政難を反映したものでもある。おおざっぱに言って、英仏独それぞれは、日本の人口の半分、GDPも半分でしかないのに、政府開発援助の実績額は日本より大きくなっている。GDP比実績（暫定値）によれば、二位のイギリスは〇・五六パーセント、三位のフランスは〇・五〇パーセント、四位のドイツでも〇・三八パーセントにもなっているのに対して、五位の日本はなんと〇・二〇パーセントでしかない。これでは、応分の責任を負担しているとは言えず、経済大国の格好がつかないと思われても仕方がない。

ときどき、講演会などで、このような話をさせていただくと、「ない袖はふれない」、「経済的には困っている人が日本にも多くいて、途上国の人にまで手が回るはずがない」とのご意見をいただく。しかし、よくよく考えてみれば、世界で日本国民がGDP三位の経済活動をさせていただいているし、加えて経済的苦境から脱出をはかり、さらなる経済成長を目指して頑張る日本国民の姿がある。政府はとてつもない債務を抱えているが、対外的には民間部門を含む大債権国でもある。応分の国際的責務を考えないで自己都合ばかりを振り回しているようでは、国際社会で尊敬される国にはなれないのではないか。これには二つの方向から見ていかなければならない。

ひとつは、軍事や援助に予算を割く西欧先進国との関係だ。西欧先進国は軍事、援助ふたつの分野で、イラクで、アフガニスタンで、そして最近ではリビア、そのほかの世界の各地で暴力や貧困を相手に戦っている。日本も戦っているが、援助の分野だけであり、それも現在の援助レベルではどうも弱く映る。

もうひとつは、開発途上国との関係だ。

これまでの政府開発援助の実績額だけでなく、開発途上国の現場では、政府／大使館やＪＩＣＡ関係者が身を粉にして現場の援助プロジェクトを盛り上げてきた。このため、多くの開発途上国から日本に対する尊敬の念が強い。

いみじくも、今回の東日本大震災の関連で、そのことが示されている。ＪＩＣＡ関係者やホームページによると、たとえば、モンゴルでは、全公務員の一日分の給料を集め、ＪＩＣＡ事務所に届けられたという。トルコやメキシコからも防災関係者が駆けつけたのは、長年にわたるＪＩＣＡの地震防災プロジェクトに対するお返しの意味が込められていたともされ、また、モルディブからはツナ缶六九万個、さらにはスリランカからはカレー缶三〇万個がそれぞれ提供されたと聞いている。そのほか、今次の大震災に関連して、日本は大丈夫か、ＪＩＣＡにお返ししたいといった話が数多くあったという。これらは、これまでの日本が多くの国に協力してきた結果とも受け取れるものだ（各国・地域からの支援状況の詳細については、外務省ホームページhttp://www.mofa.go.jp/mofaj/saigai/shien.html を参照）。日本が世界に向けて、とくに開発途上国に向けて、現場で汗水たらして築き上げてきた関係のうえに立っている。このような関係が近年の政府開発援助額の減少から、少しずつこわれようとしている。

今後の援助の額は、ナンバーワンというよりも、経済規模に応じたものにする必要があるのではないだろうか。実際の援助予算は、懐具合の寒い政府予算からの支出することになるのだが、「ない袖はふれない」というよりも、工面して出していくしかないように思われる。そして、グローバル化時代にあって、他の先進国からも、開発途上国からも孤立する道を選ぶ方途はないと思う。

このことについて、二〇一〇年五月一日付け読売新聞（「国際社会への開発協力、日本の『生き残り』に必須」）では、JICAの緒方貞子理事長が、「開発協力は貧しい人々への慈善活動とする考えも多い。しかし、私は、開発協力は単なる『施し』ではなく、日本が生き残って行くのに必要不可欠な方策だと考えている」と言われ、さらに、「グローバル化が進む世界では、国際間の協力なしでは経済的にも政治的にも孤立を招き、長期的には日本の衰退・凋落を引き起こすこととなろう。米国のオバマ政権は海外援助を大幅に増やし、韓国政府も三倍増を掲げている。日本だけが資金を削減し、『ただ乗り』をはかることは許されない」と主張されている。

経済大国の日本は、世界にしなければならないことが多くあるが、援助額全体の予算を増加させるだけでも、中央アジアへ予算レベルを維持し、喜ばれる国際協力を継続することができるのではないか。そして、本書を通じて主張しているように、そうした予算配賦が維持されれば、身を粉にした、創意と工夫による日本人らしい協力が維持される。

こうした活動の成果は、なによりも、日本の子供たちに遺産として引き継ぐことができるものだ。

二国間の友好の懸け橋

最後の項になった。周知のことだが、まず日本の現在の経済状況をみておきたい。

日本は、二〇一〇年には世界第二の経済大国の地位を中国に譲り、折からの戦後最大の国難である財政難の渦中にある。二〇一一年八月一一日付け日本経済新聞（「国の借金九四三兆円」）によれば、国の借金は国民一人あたり七三八万円であり、限りなく一千万円レベルに迫りつつある。そして、困難はさらに襲いかかる。去る三月一一日には、千年前に起こったとされる地震と同じ規模の東日本大震災が起こったうえ、その巨大津波は日本を襲い、二万人以上の命を奪った。それだけではない。巨大津波から施設に事故が起こり、それが原因でメルトダウンを起こした福島第一原子力発電所は、住民退避に追いやり、何兆円にも上る未曾有の賠償問題を抱えることとなった。東北の被災地の復興は、じょじょに進んでいくと思われるが、戦後最大の国難、財政難は一向に解決に向かわないどころか、さらに深刻化している。

さて、国際援助についてだが、東日本大震災にかかわりなく、二〇一一年度の政府開発援助予算は、一九九七年のピーク時からすでに半減しており、これまでのように新しい援助プロジェクトを仕立てる余裕はなく、現在進行中のプロジェクトの維持すらもむつかしくなっている。

ウズベキスタンの日本センターの予算確保の関連で、こんなことがあった。

私は、東京のＪＩＣＡ本部の言葉を受けて、先方省庁担当者に、日本センターの運営について、「予算の確保がよりむつかしく、今後は減少すると思います。それには、授業料をあげるなど、なんとか少しでも経済的に自立する方向でセンターを運営していきたい」と要望した。

先方担当者は、ウズベキスタンの若者の懐が寒いことをよく知っている。彼は、ビジネス学院の授業料できるだけ低額に抑え、より多くの若者に応募してほしいと考えている。だから、授業料を少しずつでもあげていくというのは、その考えに反する。このような不愉快な授業料値上げに私が言及したからなのか、先方からはなんの音沙汰もない状態が何か月も続いた。けれども、私の帰国寸前になって思い出したように、なんとか理解のある返事をもらうことができた。結果としては、私の顔を立ててくれた格好になった。

その後、後任所長からの話によると、所長が先方の担当者と会う機会があり、その際いきなり、「予算はできるだけ減らさないでほしい」と要望されたという。私は、後任からこのことを聞いて、やっぱりと思った。考えてみれば、私の方は、日本の現状を踏まえ、やむにやまれず行なった報告であったが、先方にしてみれば、日本とウズベキスタンの共同プロジェクトであり、経済大国日本の予算が少なくなるというのは急にやってきた話、およそ理解できなかったのではないか。あるいは、予算を削りたいとの提案から、日本はウズベキスタンを軽視し始めるなど不安に思ったのではないか。もちろん、日本の財政難について頭の中ではわかっていても、あれだけの経済大国の日本、実際に目の前で起こっている現実を体で理解することがむつかしかったのではないか。

私が言いたいのは、われらの日本センターの苦境だけのことではない。一〇〇か国を超える多くの開発途上国、そこでは日本との多くの国際協力プロジェクトが行なわれている。それらひとつひとつのプロジェクトで、あるいは、ひとつひとつの開発途上国政府との間で、プロジェクト継続の困難や活動の縮小、あるいは新規プロジェクトの減少の話が相次いでいる苦境のことなのだ。予算減少の影響がどれほど大きいものなのか、おわかりいただけると思う。

もうひとつ、ウズベキスタンの日本センターの役割について教えられたことがあるので、これを最後に報告したい。

もとより、日本センターは、日本のＪＩＣＡとウズベキスタン対外経済省の共同プロジェクトだ。そのために、対外経済省側から担当局長を、また、ＪＩＣＡ側から国際協力専門家の私を、それぞれ共同所長として送り込んでいる。もっとも、担当局長は、本省勤務で多忙、それも外国への出張が多いことから、日本センターに常駐していない。このため彼に会って話す機会はあまりないのだが、その彼がわれわれの成功している日本センタープロジェクトのことを、機会があるごとに私や日本人関係者にこう話していた。

「日本センターは、日本とウズベキスタンの『懸け橋』なのです」

「懸け橋」とは、いったいなんなのだろうか。

私が初めてこの言葉を聞いたとき、正直、そんなものかなと思うだけだった。しかし、二回目、三回目と回を重ねるにつれて、その響き方がちがってきた。この言葉は、私だけに向けられたものではなく、日本からの評価等の調査団が来るたびに彼らにも向けられた。

調査団は、多くの場合、ＪＩＣＡ関係者だから、私が初めて聞いたときと同じような受け取り方しかできないはずだ。なんでもない通常の社交辞令だと思えば、それまでなのだ。しかし、そこに私が同席するたびに、局長は、この「懸け橋」の話をもちだし、私の耳に否が応でも残ってしまう。

どちらかと言えば、日本の援助関係者がプロジェクトを実施するとすれば、相手国の開発の後押しをするだけだと考える。もちろん、友好親善とか友好的外交関係といった目的が背後にぼんやりあるにしても、それらは目の前に迫っているものではない。言ってみれば、援助関係者は、プロジェクトを推進して、その国の人たちが、よりよい生活ができるようにと願って活動する。

それがどうだろう、はたと考えると、「懸け橋」とは、社会的経済的な成果を測るよりも、ウズベキスタンと日本の友好関係を強調している言葉として使われている。もちろん、プロジェクトがうまくいっていなければ、「懸け橋」という言葉はありえないが、どうも、その成果は、もう国際協力の域を超えて、両国の友好を示す外交領域の成功を意味しているようなのだ。そうだとすればと、日本センターは、ＪＩＣＡの活動範囲を超えたところで、評価を受けていることになる。

もとより、途上国援助にあっては長年、外務省が「政策」を、ＪＩＣＡは「実施」をそれぞれ担当するとされてきた。この枠組みのなかでは、ＪＩＣＡ職員は、プロジェクトの実施以上のことを考えなくて済んできた。そして、私の反省を含めて、ひたすら援助プロジェクトを行ない、極端なことを言えば、ぼんやりとはわかっていても、外交領域の仕事をしている認識はあまりなかったと言っていい。

こうしたなか、気がついてみれば、日本センターの活動が両国の象徴的なプロジェクトに結実している。しかも、外交上も相手国から「懸け橋」とされ、ＪＩＣＡの一〇年間の活動にゆるぎない評価が与えられている。

考えてみれば、相手方は、ＪＩＣＡをたんなる援助機関とみていない。この援助機関を日本の外務省や財務省と同じようにしかみていない。おそらく、ＪＩＣＡは、外交活動をしている機関としてみられているのではないか。だから「懸け橋」の言葉は、日本政府に向けられているとしか思えないのだ。しかし、実施機関でしかないＪＩＣＡは、この言葉を十分に重く受け取ることができなかったように見える。

もっとも、現場のタシケントでは、日本国大使館も、ＪＩＣＡ事務所も、そして相手国の対外経済省も一緒になって、日本センターというプロジェクトを支えている。現に、ビジネス・コースの卒業証書には、ふたりの共同所長だけでなく、対外経済省大臣と在ウズベキスタン日本国大使の四人の署名がはいる。そして、卒業式には日本国大使にごあいさついただくことになっている。だから、ウズベキスタンにあるＪＩＣＡ事務所やわれわれプロジェクトの人間には、「懸け橋」の意味を痛いほど理解できている。

広い意味でＪＩＣＡも外交の一端を担う機関ではあるが、仕事の性質上目の前のプロジェクトで追われる毎日から国と国の関係まで十分理解するには限界があった。しかし、日本センターは、「懸け橋」の役割まで果たす外交的評価までいただいている。そうすると、日本センターは外交上のジャスティフィケーションをも獲得したことになる。

あとがき

私の日本センター内の執務室には、夕方になると子供たちの明るい笑い声が廊下からよく聞こえていた。しかし、耳を澄ましても、どうもはっきりとした言葉にはなっていない。彼らは、いつのまにかコンピューター室に吸い込まれるように入っていく。そう、笑い声の主は、多くが小中高校生で耳が聞こえない、または声の出ない子供たちなのだ。これから楽しいコンピューターの研修が彼らを待っている。研修はこうした体の不自由な子供たちが生活のなかでもっとも輝く瞬間でもある。

不自由のない健常者でも就職が困難な社会、ましてや体の不自由な子供がこうしたコンピューター技術を身につけたところで、就職に結びつくわけではない。それでは、なにを求めて彼らはやってくるのだろうか。そう、インターネットでいろいろな知識が入って来るのが面白いだけでなく、絵を描き、写真の加工や貼り付けができるようになると、自分の世界がとてつもなく広がるのだという。彼らの長い人生に潤いを与えるにちがいない。

タシケントだけでも、耳が聞こえない、声が出ない体の不自由な人たちは三千人を超えると言われ、私の見るところでは、そのうち六分の一くらいが日本センターのコンピューター教室に足を運んでいる。日本センターでは、ここ六年間、こうした社会貢献も行なっているが、最近では、国連機関などがこの分野に関心を示し、同種の教室を開くようになっている。この点で、日本センターは先駆的活動を行なっていることになる。

体の不自由な人のためのコンピューター教室については、本文ではほとんど触れる機会がなく、やっとここに来て紹介することができたので、ほっとしている。日本センターの多様な活動のなかの重要なひとつでもあるからだ。

さて、私は、国際協力の仕事に携わることができ、ほんとうに幸運だった。思い起こせば、JICA事務所員としてシンガポール、アジア開発銀行の専門スタッフとしてフィリピン・マニラ、JICAアメリカ事務所長としてワシントンDC、そして国際協力専門家としてウズベキスタン・タシケントと計四回、通算一二年の海外勤務を経験させていただいている。考えてみれば、私たちの世代の活動は、国際化する日本経済を背景に、もっとも華やかな時代の国際協力だったのかもしれない。

それでは日本にとって、もう国際協力の時代は終わったのかというと、そうかんたんに退場させてもらえる状況にはない。たしかに、現在の世界を見わたすと、財政難はひとり日本だけの問題ではなく、今やヨーロッパやアメリカも同じような問題を抱えるようになっている。ここで心配なことは、先進国自身の問題にとらわれて、世界の貧困への取り組みがおろそかになることだ。それでも、この貧困問題は、古くても新しいものであり、解決への努力が一層求められていることに変わりはない。そうしたなか、日本も国際社会の一員として、国際貢献や責務としての国際協力をしっかり果たしていかなければならないことは、本文で述べたとおりである。

ところで、こうした国際化の時代にあっても、最近は海外の仕事にあまり興味を示さない若い人たちが多いと言われる。外国に行こうともせず、頭から関心を持とうとしない人に会ったことがある。また、旅行などで海外を少し見るのはいいけれども、仕事や留学で海外に長期には滞在したくないという人も増えているようだ。外国事情を理解するのは、短期滞在はないよりはましなのだが、やはり、年単位で滞在することで、新しい発見があるし、その社会が見えてくる。グローバルな時代だけに、若い人たちには大いに外国での見聞を広げてほしいと願っている。

そこで、本書では、私なりには、ひとりでも多くの人に、遠く離れた国での国際協力や文化交流の現場をできれば面白おかしくお伝えしたいと思った。ここでは、日本語や相互理解の国際交流については、発見の連続であり、私の感じたままに報告させていただいている。また、人づくりの国際協力については、少し詳しく、しかもわかりやすくすることを心がけた。うまくいっているのかどうか心配だ。

付け加えると、私がかかわったプロジェクトは数あるなかのひとつであって、プロジェクトごとに活動も異なれば、考えも異なる。それでも、開発の考え方は、道路建設のような融資プロジェクトであれ、人づくりのような技術協力プロジェクトであれ、あるいは小学校建設のような無償資金協力であれ、どれもが社会や経済の発展・開発を目的にしている。読者におかれては、そうした開発の考え方に知らず知らずのうちに触れていただけるのだとしたら、それは私の喜びである。その意味で、本書はシルクロードやユーラシアに焦点を当てるものではない。

もっともそうはいえ、もし、最近の、タシケント、ウズベキスタン、そして中央アジア、さらにはユーラシアの開発の様子を提供できているとすれば、それも私の望むところでもある。プロジェクトは、国や地域の状況にあわせて協力の中身を組み立てる必要があるからだ。

さらには、そうした文化交流や開発活動のなかから、日本が今後、開発途上の国々とどのように協力していくのがいいのか、読者の一人ひとりにお考えいただく契機になることを願っている。もし、そうなったとすれば、これに勝るものはない。

とても欲張りな希望ばかりを並べてしまったが、ひとつでも達成できれば、それだけで私には望外の喜びである。


最後に、謝辞を述べます。

タシケントの勤務では、多くの日本センター関係者にお世話になりました。ウズベキスタン対外経済投資貿易省情報分析局総局長S．P．ハビブラエフ、日本センター前任所長の稲葉泰および後任の西脇英隆（本書についてのコメントをもいただきました）、経理担当グルミラ・イブラギモーバ、総務班主任のラノ・シャマクムドバ、ビジネス班主任グルノラ・タジバエバ、日本語班主任カモーラ・アジゾーバ、日本語専門家の立間智子、プロジェクト調整員の木村亜未の各氏ほか日本センター職員の皆さま、また、日本センターに派遣され力一杯がんばってくれた、枯木幸子、永田麻美子、川口稔、矢津田花絵および藤野彩花の各青年海外協力隊員、さらには、シニア・ボランティアの池田仁一氏、それぞれに感謝申し上げます。

また、タシケント在住の日本人関係者との会話から多くの示唆を受けました。在ウズベキスタン大使館平岡邁特命全権大使ほか大使館関係者の皆さま、とくに橋本正和書記官および栗原毅書記官、また、ウズベキスタンＪＥＴＲＯ事務所の芝元英一所長および後任の末廣徹所長、そして、ウズベキスタンＪＩＣＡ事務所の江尻幸彦所長、戸塚眞治次長、杉本巨および郡静子そのほかの事務所員の皆さまに感謝申し上げます。また、私の在任中継続的に、中央アジア開発研究会に出席させていただき、思いもよらず中央アジアのさまざまな情報に接することができました。主催者の二瓶直樹氏（ＪＩＣＡ事務所員）に感謝申し上げます。加えて、中央アジア開発研究会の飯尾彰敏氏（元ＪＩＣＡ有償資金協力専門家）にはご多忙のなか原稿に目を通していただき、貴重なアドバイスをいただきました。ここに記して感謝申し上げます。

さらには、ＪＩＣＡ本部とは遠く離れているものの、ほぼ毎日のようにイーメールで連絡を取り公私ともに多くの示唆をいただきました、佐々木弘世、黒柳俊之、中川寛章、友部秀器、梅崎裕、森千也、伏見勝利、水野由起子、佐藤里衣および三島健史の各氏に感謝申し上げます。また、中央アジア研究家の中野智氏（元ＪＩＣＡ職員）からは、中央アジア関連の多くの情報提供をいただきましたが、氏のご厚意がなかったならば、これほど多くの有意義な情報に接することはなかったと思われます。深く感謝申し上げます。

帰国後は、福山市立大学にお世話になっています。本書の完成をみることができたのも、稲垣卓学長および奥山健二副学長のご配慮に依っています。また、私の属する同大学都市経営学部の共生・開発領域の八幡浩二先生から多くのアドバイスをいただきましたが、先生の適切なアドバイスがなければ出版にたどり着くことはなかったと思います。心より感謝申し上げます。

中央アジアの各種地図の作成には、尾道大学デザイン共同研究室の中曽智子先生、学生の平井雅泰君の協力を得ました。感謝いたします。

さらには、溪水社社長の木村逸司氏より、本書に書かれた日本センターの活動は「感動もの」とのお言葉だけでなく、親身あふれる細かいアドバイスをいただきました。文体が締まり格段に読みやすくなったのも木村社長のおかげです。ここに記して感謝申し上げます。

最後に、タシケント滞在中には、多くの日本食を抱えて駆けつけてくれた息子の周二（本書の校正にも協力）、初孫の凛々（りり）の発育をブログで楽しく日々発信し私に元気をくれた息子嫁の彩、多忙な仕事の合間に陣中見舞いでやって来てくれた娘の薫、そして、本書にかんする適切なコメントだけでなく、単身赴任の身を案じ、エールを送ってくれた妻の妙子に心より感謝します。

二〇一一年（平成二三年）九月吉日

著者紹介

米田　博（よねだ　ひろし）

1950年生まれ、1972年慶応義塾大学法学部政治学科卒業、1974年上智大学大学院修士課程修了（国際関係論専攻）、企業の国際法務部門を経て1980年政府関係特殊法人国際協力事業団（現在の独立行政法人国際協力機構の前身）入団、その後一貫して社会開発分野の援助プロジェクトに従事。途中、アジア開発銀行（マニラ）に出向し、教育開発プロジェクトを担当。また、ＪＩＣＡアメリカ事務所（ワシントンDC）にも勤務し、そのときの報告が「アメリカのグローバル戦略」（明石書店）。直近では、JICA中部国際センター所長を経て、国際協力専門家として、ウズベキスタン日本センター所長。

現　在　福山市立大学教授

進む中央アジアとの出会い
――文化交流と国際協力と――

平成24年３月10日

著　者　米田　博

発行所　株式会社　渓水社

広島市中区小町1-4（〒730-0041）

電話（082）246-7909／FAX（082）246-7876

e-mail: info@keisui.co.jp

ISBN978-4-86327-175-3 C1036

アスタナ
カザフスタン
ビシュケク
ウズベ
キスタン
キルギス
トルクメニスタン
タジキスタン
アシガバード
ドゥシャンベ
タシケント
ナマンガン
アイダール湖
ナボイ
ジザフ
サマルカンド
アンディジャン
フェルガナ
シャフリサブス
カルシ
テルメズ